David Lloyd
Llestr Bregus

D1493804

David Lloyd
Llestr Bregus

Hywel Gwynfryn

Gomer

I Don, nai David Lloyd,
am ei gymorth amhrisiadwy,
ac i Mairwen,
am ei gwên groesawus.

Cyhoeddwyd yn 2016 gan
Wasg Gomer, Llandysul, Ceredigion SA44 4JL
www.gomer.co.uk

ISBN 978-1-84851-799-8

Hawlfraint y testun: ⓗ Hywel Gwynfryn 2016 ©

Mae Hywel Gwynfryn wedi datgan ei hawl dan
Ddeddf Hawlfreintiau, Dyluniadau a Phatentau 1988
i gael ei gydnabod fel awdur y llyfr hwn.

Lluniau drwy ganiatâd caredig Don Lloyd.

Hoffai'r cyhoeddwr ddiolch yn ddidwyll i Mr Lloyd
am bob cyngor a chymorth.

Cyhoeddir gyda chymorth ariannol Cyngor Llyfrau Cymru.

Argraffwyd a rhwymwyd yng Nghymru gan
Wasg Gomer, Llandysul, Ceredigion.

Rhagair

'Fôt i'r ferch! Fôt i'r ferch!' Adleisiai gwaedd uwch adwaedd a llef uwch adlef y protestwyr ym mhafiliwn Eisteddfod Genedlaethol Wrecsam 1912. Merched oedd yn gyfrifol am y rhan fwyaf o'r gweiddi – merched y fôt oedd eu henw ar lafar, y suffragettes – a llywydd dydd Iau'r brifwyl, David Lloyd George, oedd dan y lach. Llifodd deuddeng mil o bobl i mewn i'r pafiliwn (yn ôl *Baner ac Amserau Cymru*), nid yn unig i weld a chlywed Canghellor y Trysorlys, ond oherwydd bod si ar led y byddai bardd coronog ddydd Mawrth yr Eisteddfod, T. H. Parry-Williams, yn cipio'r gadair ar y dydd Iau, ac yn mynd â dwy brif wobr yr eisteddfod adref i Ryd-ddu yn Arfon. Yn ôl Alan Llwyd yn ei gyfrol *Prifysgol y Werin: Hanes Eisteddfod Genedlaethol Cymru 1900–18*, 'Yn ogystal â bod yn Eisteddfod y dwbwl, hon hefyd oedd Eisteddfod y trwbwl.' Dewiswyd y dydd Iau yn fwriadol gan y suffragettes er mwyn targedu Lloyd George, a oedd, yn rhinwedd ei swydd, yn cynrychioli Llywodraeth oedd yn gwrthod rhoi'r bleidlais i ferched. Ymhlith y dorf yn y pafiliwn, roedd carfan gref o suffragettes o Loegr oedd yn cefnogi eu chwiorydd yng Nghymru. Y tu allan, roedd rhyw bum mil o eisteddfodwyr a phrotestwyr yn creu 'pandemonium of disorder' yn ôl y *Western Mail*. Ond aeth y cystadlu yn ei flaen, a gorfu i'r beirniaid symud i flaen y llwyfan er mwyn clywed y perfformiadau. Yma ac acw, yn ôl adroddiadau yn y wasg, 'yr oedd heddgeidwaid talgryf yn y pafiliwn i ofalu am y cythryblwyr, ac yr oedd eraill hefyd wedi eu nodi i wasanaethu fel bo angen.' Felly roedd y bownsars eisteddfodol yn eu lle i amddiffyn Lloyd George a sicrhau gwrandawiad teg i'w araith

– uchafbwynt pob dydd Iau Eisteddfodol, neu 'diwrnod Lloyd George' fel y câi ei alw.

Er gwaethaf sŵn y protestwyr ac ymateb blin yr eisteddfodwyr pybyr iddynt, boddwyd y gweiddi gan sŵn y band pres yn perfformio 'See the conquering hero comes' pan ymddangosodd Lloyd George a'i deulu. 'Arwr cenedlaethol Cymru yw Lloyd George,' meddai un adroddiad yn y wasg Gymraeg. 'Tynfaen cenedl ydyw, a chydia calonnau'r bobl ynddo fel darnau dur wrth fagned nerthol.' Ond doedd calonnau pawb yn y pafiliwn ddim yn curo i guriad drwm Canghellor y Trysorlys. Prin yr oedd wedi cyrraedd y llwyfan ac agor ei geg cyn i un o'r suffragettes yn y gynulleidfa weiddi: 'Sut y meiddiwch drin y merched yn y carchar fel y gwnewch?' 'Mewn eiliad, aeth yn gyffro cyffredinol,' meddai'r newyddiadurwr yn ei adroddiad dramatig ac unochrog o blaid yr heddlu a threfnwyr yr Ŵyl. Aeth yn ei flaen:

Yr oedd merch ieuanc, drwsiadus ym mreichiau dau heddwas, yn prysuro ei cherddediad tua drws y babell. Ni ddywedodd y ferch ond ychydig eiriau, ond yr oedd hynny'n ddigon i ennyn atgasedd y dorf. 'Chuck her out!' ebe rhywun gerllaw, ac felly y bu, yn dra ddiseremoni. Y funud y dechreuai'r Canghellor frawddeg, gwaeddai un o'r gwylliaid peisiog eu gwaedd ystrydebol. Yna rhuthrai tri neu bedwar o blismyn i'w nhôl, ac ar y ffordd tua'r drws, estynnai pawb ei fŵt a'i beltan iddi, a hynny mor heger a mileinig nes y bydd aml i un yn gleisiau a chreithiau ar hyd ei hoes. Roedd wyneb un ohonynt yn waedlyd, a dywedodd un llygad-dyst iddo weld llafn cyllell yn disgleirio wrth iddi gael ei defnyddio yn erbyn un o'r merched. Tynnwyd llond llaw o wallt un ohonynt o'i wraidd a gwelais un wrach, wrth fynd heibio i ganol y llwyfan ym mreichiau'r plismyn, yn troi at Mr. Lloyd George, ac yn sgyrnygu ei glafoer gwyn i'w wyneb gan dynnu'r cuwch mwyaf cythreulig a welais yn f'oes. Symudwyd gwraig ar ôl gwraig: ysgubid hwy heibio i'r llwyfan gyda'r brys mwyaf. 'Pa fodd y meiddiwch ymddwyn at ferched fel y gwnewch?' gwaeddodd un suffragette. 'Rhowch y fôt i'r ferch.'

Llwyddwyd i dawelu'r protestwyr yn y pen draw. Aeth Lloyd George yn ei flaen i annerch y dorf, a chadeiriwyd T. H. Parry-Williams gan yr Archdderwydd Dyfed am ei awdl 'Y Mynydd'. Yn ôl Alan Llwyd, yr oedd eisteddfod Wrecsam y prynhawn hwnnw yn 'un o'r prifwyliau mwyaf gwaradwyddus erioed yn hanes yr Eisteddfod, ac un o'r rhai mwyaf cyffrous hefyd.'

Ar ddechrau'r ugeinfed ganrif, credai'r gymdeithas batriarchaidd yng Nghymru mai yn y cartref yr oedd lle dynes, yn gofalu am ei gŵr ac yn magu eu plant. Ac er i'r suffragettes gynnal un o'r protestiadau mwyaf stormus a mwyaf treisgar yn holl hanes y mudiad, ni chafodd pob merch hawl gyfartal i bleidleiso tan 1928. Roedd hynny flwyddyn yn rhy hwyr i Elizabeth Lloyd, a fu farw yn 1927, bymtheng mlynedd ar ôl genedigaeth ei mab, David Lloyd, ym Mryn Siriol, Berthengam, Trelogan, cwta hanner awr o faes Eisteddfod stormus Wrecsam 1912.

Nid David Lloyd oedd enw'r bychan yn llawn. Roedd ganddo enw canol, a roddwyd iddo gan B. S. Fidler, ysgolfeistr yr ysgol gynradd drws nesaf i Fryn Siriol. Yn ôl y sôn, roedd Elizabeth Lloyd yn yr ardd yn magu'r plentyn un bore pan ddaeth Fidler draw ati am sgwrs.

'You know, Mrs Lloyd, this baby's got a look about him,' meddai. 'He'll go far. Have you named him yet?' Ysgwyd ei phen wnaeth Elizabeth, ac awgrymu efallai yr hoffai'r ysgolfeistr feddwl am enw. Dywedodd Mr Fidler y byddai'n galw eto gydag enw addas y gallai'r teulu ei drafod. Fore trannoeth, galwodd y prifathro ym Mryn Siriol eto.

'I've thought of a name, Mrs Lloyd,' meddai. 'David. David as his baptised name with George in the middle. Because I think David George Lloyd could become as famous as David Lloyd George.'

Dyna'r stori adroddodd Mona, chwaer David, wrth Don Lloyd, ei nai. Ydi hi'n stori wir? Gellid gofyn hynny am nifer o straeon a adroddwyd am David Lloyd. Ydi hi'n wir ei fod wedi cael cytundeb i ganu i'r Metropolitan Opera yn Efrog Newydd yn syth ar ôl iddo raddio fel myfyriwr disglair yng Ngholeg Cerdd y Guildhall yn Llundain? Nac ydi. Ydi hi'n wir ei fod wedi canu'r cornet gyda Band y Gwarchodlu Cymreig ar ddechrau'r Ail Ryfel Byd? Nac ydi – chwythodd o'r un nodyn. Mae'n wir ei fod wedi cael damwain tra oedd yn recordio rhaglen i'r BBC yn 1954. Ond nid yw'n wir fod hynny oherwydd ei fod wedi yfed gormod ac wedi baglu ar draws ceblau. Profwyd yn ystod ei achos llys yn erbyn y BBC fod David yn sobr y diwrnod hwnnw, ond profwyd hefyd na allai fod wedi baglu, fel yr honnodd iddo wneud, gan fod y llwyfan yn glir o unrhyw rwystrau a cheblau, yn ôl y tystion yn yr achos. Ydi'r stori am Elizabeth Lloyd yn derbyn awgrym y prifathro am enw ei baban yn wir? Dim ond Elizabeth a'r prifathro a fyddai'n gallu ateb y cwestiwn hwnnw. Ond does dim amheuaeth na ddaeth proffwydoliaeth B. S. Fidler yn wir, a phan ddychwelodd yr Eisteddfod Genedlaethol i'r ardal yn 1939 a chartrefu yn Ninbych am yr wythnos, roedd David Lloyd, y tenor o Gymro, fel y proffwydodd y prifathro wrth ei fam, mor enwog â'r gwleidydd o Gymro yr oedd yn rhannu enw ag ef. Yn yr Eisteddfod honno, cafodd Lloyd George berffaith chwarae teg i areithio yn y prynhawn, ac yn yr hwyr roedd o yng Nghymanfa'r Eisteddfod, yng nghwmni'r miloedd oedd wedi tyrru i'r pafilwn i weld a chlywed David Lloyd. Ac yn ôl sylwebydd cerddorol yr Ŵyl, 'fe ganodd mor odidog fel yr anweswyd ef gan y gynulleidfa, i'r fath raddau nes iddo dros nos gael ei urddo'n arwr cenedlaethol.'

Does dim dwywaith nad oedd David Lloyd yn seren ddisglair yn ffurfafen canu'r cyfnod, ond seren dan gwmwl oedd o'n aml. Yn 'Geiriau', ei ysgrif goffa iddo, fe lwyddodd Rhydwen Williams, y llenor, dramodydd, darlledwr a ffrind agos i David, i daflu goleuni i gonglau tywyllaf bywyd unig yr arwr cenedlaethol. Pan oedd David yn dioddef poen enbyd ac yn mynd i mewn ac allan o ysbytai yn rheolaidd ar ddiwedd y pumdegau, roedd Rhydwen yn ymwelydd cyson â'r ysbyty yn Lerpwl lle'r oedd David yn derbyn triniaeth i'w gefn. Rhannodd y ddau funudau dwys yn ystod yr ymweliadau hynny, yn trafod ei gyfnodau o iselder, ei broblem gyda'r ddiod gadarn, a'r pwysau cyson a deimlodd ar hyd ei oes i foddhau ei edmygwyr, ac i fod yr hyn nad oedd am fod yn aml, sef arwr y genedl. Yn ei ysgrif ddadlennol, roedd gan Rhydwen rybudd i unrhyw un oedd am fentro adrodd hanes David Lloyd:

> Heb ddeall ei waeau a'i ddelfrydau, a'r natur ddynol ddi-ildio a berthynai iddo, mae'n amhosib deall y canwr na'r gân fawr a ddaeth o'i ymysgaroedd. Roedd rhai o'r nodau angerddol a lesmeiriodd genedl gyfan am gyfnod mor hir yn dod o ddyfnderoedd na chafodd ond ychydig eu dirnad, ac fe all am hynny o reswm mai ychydig oedd yn ei ddeall hefyd. Rhyw ddydd, cyn dyfod cenhedlaeth nad adnabu David Lloyd, gall y daw rhywun heibio i bortreadu'n deilwng y llestr bregus a ddaliodd ddawn mor fawr, ac i ddweud wrth Gymru beth yw'r pris pan fyn eilunaddoli ambell un o'i meibion.

Fel pob chwaer, roedd Mona'n amddiffynnol iawn o'i brawd. Trodd glust fyddar at unrhyw feirniadaeth o'i fywyd personol, gan warchod unrhyw lythyrau dadlennol o'i eiddo.

Pan gyflwynodd Elen Elis, Trefnydd a Chyfarwyddwr Artistig yr Eisteddfod Genedlaethol, ei gwaith ymchwil ar David Lloyd i'r brifysgol, anfonodd lythyr at yr Athro John Hywel hefyd. Ynddo, dywedodd:

Fe wnaed yn eglur iawn i mi o'r cychwyn na fyddai yna gyfeiriad at, na thrin a thrafod yn y gwaith, unrhyw agweddau yn gysylltiedig ag alcohol. O ystyried bod Mona Lloyd yn ei wythdegau canol, ac wedi bod mor annwyl a chroesawus wrthyf dros y misoedd diwethaf yma, ni allaf lai na pharchu ei dymuniad.

Ymhen amser, daeth holl bapurau preifat David Lloyd i ddwylo ei nai, Don Lloyd, ac fe gyflwynodd yntau nhw yn rhodd i'r Llyfrgell Genedlaethol. Mae fy niolch i Don yn anfesuradwy, nid yn unig am ei gefnogaeth a'i barodrwydd i ateb fy nghwestiynau yn onest bob amser, ond oherwydd iddo ddweud wrthyf, 'Os dweud y stori, ei dweud hi'n iawn'

Nid oes yma ymgais i ddadansoddi David Lloyd y canwr. Mae pawb a'i clywodd o'r un farn, sef ei fod yn denor o'r radd flaenaf – 'un o'r goreuon', yn ôl Dennis O'Neill a Gwyn Hughes Jones. Pam, felly, fod y disgrifiad o David Lloyd fel 'llestr bregus' mor dreiddgar o addas? Ymgais yw'r cofiant hwn i ateb y cwestiwn hwnnw, a 'dweud y stori'n iawn'.

Pennod 1

Mae'n fore Sadwrn 6 Ebrill 1912, ac mae gan Pryce Lloyd ddau reswm i ddathlu. Mae ei wraig Elizabeth wedi rhoi genedigaeth i fab bychan, ac fe ddaeth y Streic Gyffredinol gyntaf yn hanes glowyr Ynysoedd Prydain i ben y bore hwnnw, a'r frwydr i gael mwy o gyflog wedi ei hennill. Fore Llun, fe fydd Pryce yn dychwelyd i'w waith. Codi am hanner awr wedi pump, paratoi ychydig o fara llaeth mewn can chwart, a cherdded tair millir o'i gartref yn Nhrelogan i ymuno â'r pedwar cant o lowyr yng nglofa'r Parlwr Du yng ngogledd Sir Fflint. Ceibio'r glo o saith tan hanner dydd, yna hanner awr i fwynhau'r cinio blasus yn y can, a chario mlaen tan bump, a hynny am hanner coron y dydd. Ar y ffordd adref, oedi wrth y clawdd ar gyrion pentref Trelogan a thynnu'r tun baco o'i guddfan, a thanio'r bibell glai yr oedd o'n ysu i'w smocio ar ôl diwrnod caled, di-fwg. Cofiai'r Parchedig Whitford Roberts Pryce Lloyd yn dod i'r tyddyn lle'r oedd o'n byw, adeg y cynhaeaf.

Roedd o'n ddyn cryf, cydnerth, ac ymhell ar y blaen gyda'i bladur wrth ladd y gwair, i'r graddau fod y medelwyr eraill yn ei chael hi'n anodd i gadw yn y rheng a'i ganlyn. Byddai David yn dod i'r tyddyn hefyd weithiau i chwarae, ac os ydw i'n cofio'n iawn, fe roddais anrheg i David George, sef nifer o gwningod Belgian Hares. David George oedd o i bawb bryd hynny.

Mae sôn am Pryce Lloyd yn 17 oed – cyn iddo briodi Elizabeth – yn trotian merlen o'i gartre yn Nhyddyn Person i'r rasys yng Nghaer, rhyw ugain milltir i ffwrdd. Yn ôl yr hanes, roedd yr anifail yn groesiad rhwng merlen fynydd a mul – 'bastad mul' ar lafar – ac roedd ganddo enw fyddai'n codi ofn ar unrhyw un yn y ras a feiddiai gredu y gallai ei guro, sef Black Prince. Enillai bob tro, hyd yn oed y tro hwnnw pan dderbyniodd Pryce bum sofren i ffrwyno'r ceffyl er mwyn sicrhau na fyddai'n ennill. Ond methiant fu'r ymgais i goncro'r tywysog du pedair coes drwy dwyll, a bu'n rhaid i Prince a'i berchennog garlamu o'r rasus ar frys y diwrnod hwnnw cyn i'r betiwr blin a diegwyddor gael gafael yn Pryce a'r 'bastad mul'.

Ganed David George Lloyd yn y tŷ drws nesaf i'r ysgol yn y rhan o bentref Trelogan a elwid yn Berthengam, yng nghanol cymdeithas glòs, gyfeillgar a Chymraeg ei hiaith. Gweithiai'r dynion o dan y ddaear ym mhwll glo'r Parlwr Du, neu ar dir Ystad y Gyrn, cartref teulu Syr Edward Bates, perchnogion llongau Cunard, neu yn y chwarel gerrig ar gyrion y pentref. Pan oedd David yn blentyn, roedd y pentref yn hunangynhaliol, a phob teulu'n cadw mochyn yn y cwt, ac yn tyfu tatws a llysiau hefyd. Byddai'r ffermydd cyfagos yn sicrhau bod yna lif cyson o laeth enwyn yn llenwi piseri'r pentrefwyr. Yn ei hunangofiant, mae un arall o enwogion yr ardal, y dramodydd a'r cyfarwyddwr Emlyn Williams, yn cofio diwrnod pobi a chrasu bara yn y pentref, ac yn cofio cario llond tun sgwâr o does drwy'r pentref i'r becws. Yna, pan fyddai'r dorth wedi ei chrasu, byddai'n ei 'nôl ac yn torri darn o'r crystyn i'w fwyta ar ei ffordd adre. Tafelli o'r bara hwnnw fyddai'n cael eu cymysgu efo llaeth yn y can chwart a gariai Pryce Lloyd i'r gwaith bob bore.

Disgybl rhif 232 oedd David yn ôl llyfr lòg yr ysgol pan aeth yno'n dair oed. Fe ddeuai'r prifathro i'r ysgol bob dydd ar gefn beic o bentre bach Rhewl, yn gwisgo sbectols trwm efo gwydrau oedd yn chwyddo maint ei lygaid, mwstásh bychan o dan ei drwyn a phâr o glôs pen-glin. Edrychai fel tylluan ar ddwy olwyn, ac un ddoeth, fel sy'n addas, gan fod amserlen yr ysgol yn cynnig ystod ddiddorol ac amrywiol o wahanol bynciau yn ogystal â gwersi academaidd. Er mwyn dysgu pwysigrwydd glendid, yn enwedig sut i gadw'r dannedd yn lân, ffurfiwyd clwb brwsh dannedd, gyda phedwar ar hugain o aelodau, ac fe brynodd Mr Fidler *cooking range* ail-law er mwyn i'r plant gael gwersi coginio. Prynwyd darn o dir gerllaw'r ysgol, a ddaeth ymhen amser yn ardd gynhyrchiol, yn llawn coed ffrwythau a gwelyau llysiau. Yr athro oedd yn gyfrifol am gael tail i'w balu i mewn i'r pridd, ac am swllt y tymor, fe gâi pob plentyn fynd â chynnyrch o'r ardd adre efo fo. Cedwid gwenyn yn y gerddi, a dysgodd David yn gynnar iawn am fyd natur.

Fe gâi'r plant gyfle hefyd i fynd ar deithiau, i fyny'r Wyddfa, neu am bicnic i Lyn Helyg, yn ymyl Tyddyn Person, cartref tad David pan oedd yn blentyn. Roedd y daith i waith glo'r Parlwr Du yn rhan o'u haddysg hefyd, er mwyn iddynt sylweddoli pa mor galed yr oedd eu tadau'n gweithio. Y rhain oedd 'arwyr glew erwau'r glo' y cyfeiriodd Tilsli atynt yn ei awdl, 'Moliant i'r Glöwr'.

Roedd y prifathro'n rhoi blaenoriaeth i gerddoriaeth yng ngweithgareddau'r ysgol hefyd, gan ddefnyddio'r *modulator* i ddysgu'r sol-ffa. A thrwy wersi sol-ffa B. S. Fidler y daeth David i ddysgu canu pan oedd o'n ifanc iawn yn ysgol Trelogan. Flynyddoedd yn ddiweddarach, ac yntau'n enwog erbyn hynny, bu'n hel atgofion am y gwersi sol-ffa, mewn rhaglen radio:

Dwi'n dal i gofio un o'r caneuon i mi ei dysgu yn yr ysgol. Yn Saesneg oedd hi. 'One two three four five six seven, I am on my way to heaven; Seven and six, four five and three, Jesus died on Calvary'. Ia. Y ffordd ora i ddysgu cerddoriaeth, yn fy marn i, ydi dysgu sol-ffa gyntaf a hen nodiant wedyn.

A thrwy gydol ei yrfa gerddorol, byddai'n aml iawn yn ysgrifennu'r sol-ffa o dan y nodau cerddorol mewn pensel er mwyn ei gynorthwyo i ddysgu darnau newydd, llai cyfarwydd, yn gynt.

O amgylch y piano ym mharlwr eu cartref ym Mryn Siriol, yng nghwmni ei chwaer Mona, y cychwynnodd gyrfa gerddorol David Lloyd mewn gwirionedd. Roedd ganddo bedair chwaer – Harriet, Lily, Amy, a Mona, a dau frawd, William a Tommy. Llais alto oedd gan David ar y pryd, a byddai'n canu deuawdau gyda Mona yng nghapel Disgwylfa, ac yn cystadlu mewn eisteddfodau lleol yng Nghaerwys a Rhuallt. Fel sawl tenor enwog arall o Gymru, a bariton neu ddau hefyd, byddai David Lloyd yn cydnabod yn aml bwysigrwydd y profiad a gafodd ar lwyfannau'r eistedfodau lleol, yn canu 'Y Llusern' neu'r gân serch 'Lliw Gwyn Rhosyn yr Haf'. Yno y dysgodd sut i fod yn hyderus ac i deimlo'n gartrefol o flaen cynulleidfa, beth bynnag ei maint, a meistrolodd yn arbennig o gynnar y ddawn o swyno cynulleidfaoedd gyda'i ddehongliadau teimladwy o ganeuon poblogaidd Cymru. Mae ei nai, Don Lloyd, yn cofio i David ddweud wrtho nad oedd ganddo ddim nerfau o gwbl bryd hynny, ond yn ystod ei yrfa broffesiynol fel canwr, roedd 'yn crynu a chwysu o flaen pob datganiad.' Byddai'r Lloydiaid hefyd yn ymarfer yn y parlwr ar gyfer gwasanaeth blynyddol y plygain ym mhentref Lloc, ac yn canu mewn parti o gwmpas yr ardal drwy'r nos cyn cyrraedd Lloc ar gyfer y gwasanaeth am chwech y bore. Doedd yna ddim trefn arbennig i'r gwasanaeth. Byddai'r arweinydd yn gofyn ar ôl pob carol, 'Pwy ddaw i ganu nesaf?' a byddai llaw David yn saethu i fyny yn amlach na pheidio.

Yng nghanol y pumdegau, cafodd David Lloyd wahoddiad i hel atgofion mewn rhaglen radio ar y Welsh Home Service o'r enw *Pan Oeddwn Fachgen*. Beth oedd o'n ei gofio am ei ddyddiau cynnar yn Nhrelogan? Gadewch i David ei hun ddweud y stori:

Un o'r atgofion hapusaf sydd gennyf o ddyddiau fy mebyd yw cerdded i Dreffynnon bob dydd Llun y Pasg i'r ffair, a chael mynd ar y *bobby-horses*. A dyna sbort! Roedd golwg ofnadwy arnom ar ôl cyrraedd adref o'r ffair, pob ceiniog wedi ei gwario a'n dillad yn wyn gan lwch y moduron a ruthrai heibio – doedd dim tarmac ar y ffyrdd yr adeg honno. Yr unig dro y byddem yn cael ein cario i'r dre oedd adeg trip Ysgol Sul neu Gymanfa Ganu. Bryd hynny, cawsom y brêc i fynd â ni – cerbyd oedd yn dal rhyw ddau ddwsin o bobl, a dau geffyl yn ei dynnu. Ond y tro rwy'n ei gofio orau oedd y trip efo'r teulu i'r Rhyl i dynnu lluniau. Roedd Mam wedi gwisgo fy chwiorydd a minnau yn ein dillad gorau, ac roedd gwallt y genod yn rhubanau o bob lliw, a minnau'n smart iawn hefo rhyw dipyn o res wen ar ochr fy mhen. Roedd fy nhad wedi mynd lawr i'r pentref i fenthyca 'fflôt' Samuel Bleddyn i fynd â ni, ac ymhen tipyn dyma fo a'r fflôt yn cyrraedd drws y tŷ, ac i mewn â ni i gyd fel sardîns. Ac i ffwrdd â ni, gan godi llaw ar bawb yn y pentref a mynd drwy Drelogan ar drot. Roedd popeth yn mynd yn iawn am rai milltiroedd, a minnau'n eistedd wrth ochr fy nhad yn gafael yn y reins ac yn ei helpu i ddreifio. Ond ar allt Trecastell, hanner ffordd i'r Rhyl, dyma'r cylch i ffwrdd oddi ar yr olwyn a phopeth ar stop. Allan â ni o'r fflôt a cherdded i lawr yr allt i Ddyserth i chwilio am y gof. Ac wedi dod o hyd i'r efail, bu'r gof fawr o dro cyn gosod y cylch yn ôl yn ei le. A thra oedd o wrthi'n ddiwyd, roeddwn innau'n chwarae'n hapus yn yr efail. Ac erbyn i ni fod yn barod i ailgychwyn ar ein taith, roeddwn i mor ddu â'r fran. Erbyn i ni gyrraedd y Rhyl, bu'n rhaid i Mam rwbio'n galed gyda dŵr a sebon cyn mod i'n ffit i ymddangos o flaen y dyn tynnu lluniau. Wel, dyna un o fy atgofion cyntaf o ddyddiau fy mebyd. Y mae gennyf gof am lawer i siwrnai hapus wedi hynny i'r Rhyl, Lerpwl, Birkenhead ac i Wrecsam i ganu.

Enillodd David ei *rosette* eisteddfodol cyntaf yng Nghaerwys. Doedd neb ond ei fam yn gwybod ei fod o'n cystadlu. Roedd o am 'gadw'r peth yn *secret*' rhag ofn iddo golli, ac i blant y pentref gael gwybod. Cafodd ganiatâd i fod yn absennol o'r dosbarth, ac ar y prynhawn hanesyddol, neidiodd dros wal yr ysgol i fynd adref, llowcio'i ginio ac i ffwrdd â fo ar gefn ei feic drwy'r eira, yn ôl y sôn, i Gaerwys a rhagbrawf yr unawd i blant dan ddeg oed. Y darn prawf oedd 'I bob un sydd ffyddlon' ar yr emyn-dôn 'Rachie'. Enillodd *rosette* mawr coch ac un glas hefyd cyn diwedd y prynhawn, a bu bron iddo ddisgyn oddi ar ei feic fwy nag unwaith ar y ffordd adref gan ei fod yn talu mwy o sylw i'r ddwy *rosette* nag oedd o i'r ffordd lithrig a'i harweiniai yn ôl i Fryn Siriol. Ond er y llwyddiant a gafodd ers y dyddiau cynnar yng Nghaerwys, dywedai bob amser nad oedd dilyn gyrfa fel canwr wedi croesi ei feddwl erioed.

'Chlywais i ddim cerddorfa na chanwr mawr erioed yn ystod fy mhlentyndod,' meddai unwaith, 'ac er bod gennym hen gramaffôn a gadwai sŵn dychrynllyd drwy'r tŷ, yr oeddwn yn ddeunaw oed cyn i mi glywed y *Meseia*.' Yn wir, petai David Lloyd wedi ei eni yn yr 1850au, ni fyddai wedi clywed sŵn y piano chwaith. O tua 1860 ymlaen y gwelwyd y piano yng Nghymru yn rhannu'r llwyfan gyda'r delyn, a oedd eisoes wedi ennill ei phlwyf fel ein hofferyn cenedlaethol. Daeth yr offeryn mor boblogaidd yng nghartrefi Cymru nes y disgrifiwyd hi gan Gwenallt fel 'parlwr o wlad ac ynddi biano'.

Ac fe ddaeth piano i barlwr Bryn Siriol. Ymddangosodd hysbysebion mewn papurau fel *The Cambrian* yn cynnig 'the greatest novelty of the age', sef perdoneg Mr Broadwood: 'The New Piannette, Full Compass, in Rosewood Case, 28 guineas;

in less ornamental Cases from 25 guineas.' Am £14 gellid prynu 'Rosewood or Mahogany Semi Cottage Pianos' ail-law, a fyddai'n ddelfrydol i deulu'r Lloydiaid. Ac am £3, roedd 'Good Serviceable Instruments for the School Room' ar gael ar gyfer cyngherddau ysgol Trelogan y drws nesaf i'r cartref.

O'r 1860au ymlaen hefyd yr aeth Ceiriog ati i gyfansoddi'r caneuon a ddaeth yn ganeuon pop eu cyfnod. Cyhoeddodd lyfr yn dwyn y teitl *Cant o Ganeuon,* sef cant o alawon Cymreig yr oedd o wedi cyfansoddi geiriau ar eu cyfer. Erbyn 1873 yr oedd nifer fawr o'i ganeuon wedi eu cynnwys gan Brinley Richards yn ei *Songs of Wales,* ac ym mharlwr Bryn Siriol hanner can mlynedd yn ddiweddarach gellid darganfod, o godi caead stôl y piano, gopi o'r *Richards and Ceiriog Hughes Song Book.* Yng ngeiriau Hywel Teifi Edwards yn ei lyfr gorchestol *Gŵyl Gwalia,* 'Ym mharlyrau'r werin daeth y piano ac arno gopi agored o'r *Songs of Wales* i'w ystyried megis totem.'

Canu o amgylch y piano, cystadlu yn yr eisteddfod leol, mynychu'r *Penny Readings* a gwrando ar y pregethwr yn y capel ar y Sul. Dyna'n fras yr adloniant oedd ar gael i deulu David Lloyd, oni bai eich bod chi'n chi'n mentro i Wrecsam, y dref fawr agosaf, lle gallech chi fynd i'r Hippodrome i ryfeddu at sêr y sgrin arian. Fe ddaeth Charlie Chaplin, Ramón Navarro, Douglas Fairbanks, Mary Astor a'r seren o Gymru, Ivor Novello, drwy ddrysau'r Hippodrome yn eu tro. Ond os oeddech chi'n byw yn Nhrelogan ac am weld actorion, yna eich unig ddewis oedd mynd i weld y cwmnïau drama amatur oedd yn ymweld â'r ardal o bryd i'w gilydd.

Mae Emlyn Williams yn adrodd hanes am fynd i bentre cyfagos Trelawnyd i weld drama yn cael ei pherfformio gan Gwmni Drama Ffynnongroyw. Mae o'n llawdrwm iawn ar y cynhyrchiad. Dim llenni, dim setiau a dim golau. Doedd neb yn actio, ond pawb yn dweud eu llinellau yn brennaidd. Ond yn waeth na dim i Emlyn Williams, roedd y cynhyrchiad yn Gymraeg ac roedd hynny, yn ei eiriau ef yn 'major drawback.' Mor wahanol oedd profiad David Lloyd o fywyd cymdeithasol yr un ardal. Fel Emlyn Williams, fe gafodd yntau ei fagu yn sŵn yr iaith Gymraeg a phan aeth i goleg y Guildhall yn Llundain, prin y gallai siarad Saesneg. Hi oedd y 'major drawback' iddo fo.

Y cofnod cyntaf o gyngerdd cyntaf David Lloyd oedd poster yn cyhoeddi y byddai 'Children's concert at 6p.m. in Trelogan School. To secure funds to enable children to see their own country. Admission: one shilling and sixpence' i ddathlu Gŵyl Dewi. Roedd David yn 13 oed ar y pryd. Yn dilyn 'a sketch by the infants', 'It's no joke, baby' ac yna 'Exercises on the dumbells by the Junior Boys', cyhoeddwyd y byddai David George Lloyd yn canu 'Bachgen bach o Gymro ydoedd Dewi Sant'. Doedd 'na ddim golwg o David George Lloyd fel unawdydd yn yr ail hanner, ond mae'n bur debyg ei fod wedi dychwelyd i'r llwyfan efo côr yr ysgol i ganu 'Ffarwél i'r gwynt a'r eira'.

Flwyddyn yn ddiweddarach, yn 1926 ac yntau'n 14 oed, daeth addysg ffurfiol David Lloyd i ben ac aeth i weithio at gigydd y London Central Meat Company ym Mhrestatyn, yn cario allan i dai o amgylch y dre. Mae un o'i ffrindiau o'r cyfnod, Helsby Jones, yn cofio David yn sleifio i'r siop drws nesaf yn rheolaidd. Siop oedd yn gwerthu recordiau a setiau radio oedd hi, ac roedd David wrth ei fodd yn gwrando ar gerddoriaeth.

Byr iawn fu ei arhosiad yn y diwydiant cig, ac nid cyd-ddigwyddiad oedd fod ymadawiad David o siop y cigydd yn cyd-fynd â'i benderfyniad i gloi un o'i gyd-weithwyr mewn oergell. Croeso oeraidd oedd yn ei aros pan ddaeth i'w waith fore trannoeth, ac fe gafodd y sac. Felly aeth i weithio fel prentis saer coed i Robert Williams, Dyserth, ac fe ddywedir bod ôl llaw'r prentis i'w weld ar ffenestri a drysau rhai o'r tai yn Nyserth hyd heddiw. Mae'n rhaid bod David yn gwybod sut i drin coed ac yn grefftwr wrth reddf. Dywed Don Lloyd, ei nai, i'w ewythr adeiladu car bach iddo allan o bren, gyda phedalau pren hefyd, iddo gael chwyrnellu o gwmpas Trelogan. Yn ddeunaw oed, yn ôl yr hanes, llwyddodd David i adeiladu grisiau, a dyna'r prawf ar y pryd ei fod yn ddigon o grefftwr i ofalu am waith coed ar gyfer unrhyw adeilad. Bu Robert Williams yn gefnogol iawn i David yn ystod ei flynyddoedd cynnar. Câi adael ei waith yn gynnar er mwyn cyrraedd eisteddfodau mewn pryd, ac weithiau byddai Robert yn ei gludo yno ei hun. Yn ôl Edith, merch Robert, aeth ei thad i'r Rhyl yn unswydd i brynu copi o unawd a oedd yn ddarn prawf mewn eisteddfod leol. A phan ddywedodd David wrtho nad oedd wedi dysgu'r unawd, ateb Robert Williams oedd, 'Wel, mi ddysgi di hi yn y car ar y ffordd yno.' Fe wnaeth, ac fe enillodd.

Dechreuodd gael gwersi canu yn gynnar iawn gan William Humphreys, prifathro Ysgol Trelawnyd, a thad y nofelydd Emyr Humphreys. Cofiai David fod gan William Humphreys ddawn arbennig at ddisgrifio a dehongli'r gân. Byddai'n esbonio'r geiriau yn gyntaf er mwyn gwneud yn siŵr fod David yn deall eu hystyr. Yna, byddai'n creu darlun i'r canwr ifanc er mwyn dod â'r stori'n fyw o flaen ei lygaid. Ac yn olaf, byddai'n gwrando ar berfformiad David â'i gefn at y canwr ifanc a'i draed i fyny ar y *mantlepiece* fel petai o ddim yn gwrando. Ond ar ôl i David orffen, byddai'n mynd drwy'r perfformiad gyda chrib mân yn dadansoddi a chynghori. Pa ryfedd fod y David Lloyd proffesiynol yn denor heb ei ail am ddehongli caneuon?

Gwnaeth William Humphreys benderfyniad pwysig pan oedd David yn 14 oed, drwy ei gynghori i roi'r gorau i ganu am ddwy flynedd, a dyna pryd y torrodd y llais yn llais tenor telynegol, hyfryd. Nid dyna oedd profiad pob bachgen 16 oed. Mae'r baswr Ivor Lewis o Wrecsam, enillydd y Rhuban Glas ym Mae Colwyn yn 1947, ac un a fu'n rhannu'r llwyfan gyda David Lloyd, wedi disgrifio'r sŵn ddaeth allan o'i geg o am y tro cyntaf ar ôl i'w lais soprano dorri fel 'sŵn rhwygo lliain llong hwyliau'. Diolch i

William Humphreys, does dim cofnod fod David wedi dioddef profiad amhleserus felly tra oedd yn cystadlu yn yr eisteddfodau lleol o amgylch Rhewl, Rhuallt Cwm a Chaerwys.

Yn 1927, daeth cysgod dros lwybr David Lloyd pan fu farw ei fam. Bedair blynedd yn ddiweddarach, oherwydd y torcalon o golli Elizabeth, fe laddodd Pryce Lloyd ei hun. Daeth Harriet, chwaer David, o hyd i'w gorff mewn hen gwt mochyn ar waelod yr ardd, ei ben wedi'i ddryllio a gwn wrth ei ochr. Yng ngeiriau Don Lloyd, 'Nath o ddim codi ei ben ar ôl marwolaeth ei wraig, a ddaru David erioed drafod marwolaeth ei fam na hunanladdiad ei dad efo mi.'

Pan oedd yn 17 oed, fe brynodd David foto-beic BSA *square tank*, ac ar gefn hwn y byddai'n teithio i Fae Colwyn i gael gwersi canu gan William Matthews Williams, arweinydd corau a chymanfa-oedd, a hyfforddwr llais ac athro piano uchel iawn ei barch. Fo oedd cyfansoddwr yr unawd 'Llanfihangel Bachellaeth' a'r emyn-dôn 'Bod Alaw' i eiriau Morswyn am graig yr oesoedd. Un arall o'i ddisgyblion, a deithiai ar gefn ei feic o Bentrefoelas i gartref Matthews Williams, oedd Peleg Williams, a ddaeth yn gyfeilydd medrus ac yn gyfansoddwr caneuon poblogaidd, yn ogystal â bod yn feirniad eisteddfodol. Doedd gan Matthews Williams fawr i'w ddweud wrth yr Eisteddfod Genedlaethol, ac roedd ganddo enw ar unrhyw feirniad a oedd yn ymddwyn yn ymhongar: 'ceiliog dandi'.

'He was stern and kind,' meddai Peleg am ei athro, 'and he instilled in us, his pupils, enthusiasm and a will to work hard. He had drive, and one of his stock phrases was "Fire away!" That was the teacher in Mr Williams.' Cefnogai'r athro yr eisteddfodau lleol i'r carn, a hyfforddodd David i ganu darnau prawf megis 'Arafa don', 'Cân y bugail' ac 'Elen fwyn'. Yn 1931, pan oedd yn 19 oed, cafodd ganmoliaeth uchel gan y beirniad. 'Possesses a voice of great beauty and could become a severe competition for the best tenors,' oedd ei sylw proffwydol.

Fel ei athro, roedd David yn ymroddgar ac yn llawn brwdfrydedd. Mynnai Matthews Williams fod pob disgybl a oedd yn derbyn hyfforddiant lleisiol yn dysgu elfennau theori hefyd, gan ddweud, 'Pa werth i chi ydi canu, os na wyddoch beth 'dach chi'n ei ganu?' Arferai fynd dros bob gair mewn unawd er mwyn cael pob acen ac ynganiad yn glir, ac er mwyn pwysleisio pa mor bwysig oedd hi nid yn unig i ganu'r nodau yn gywir, ond i ddehongli'n ddeallus hefyd.

Roedd ganddo ddwy reol aur. Yn gyntaf, ni ddylai unawdydd fyth newid ystyr cerddoriaeth 'drwy roi ei arddull ei hun arni'. Ac yn ail, mynnai fod pob disgybl yn rhoi o'i orau ac os oedd o'n teimlo nad oedd rhywun yn gwneud hyn, dyna ddiwedd y gwersi. Wrth ddysgu ymarweddiad i'w ddisgyblion, pwysleisiai'r ffaith ei bod hi'n bwysig fod y canwr yn gwybod ble i edrych. 'By all means, sing to the gallery,' meddai, 'ond cofiwch fod y bobl sy'n gwybod be 'di be yn eistedd yn y seddau blaen.'

Fe ddywed pobl a fu'n ddigon ffodus i'w weld yn canu fod David Lloyd yn defnyddio cyflwyniad piano unrhyw unawd fel cyfle i edrych o gwmpas y gynulleidfa i weld lle'r oedd y merched del yn eistedd, ac ar ôl hoelio sylw un ohonynt, byddai'n canu'r gân iddi hi yn unig. Meddyliwch am ennyd eich bod chi'n ferch ifanc yn un o gyngherddau David Lloyd adeg yr Ail Ryfel Byd. Mae o'n sefyll ar y llwyfan yn ei lifrai milwrol, yn ŵr ifanc golygus, a gwên ddireidus yn ei lygaid a mop o wallt du ar ei ben. Ar ddiwedd y cyflwyniad i'r gân, mae ei lygaid yn disgyn arnoch chi. Chi fydd ei Elen fwyn am y tri munud nesaf. Lle bynnag y bydd o'n edrych, bydd ei lygaid bob amser yn dychwelyd o'u crwydriadau atoch chi. Mae o'n edrych i fyw eich llygaid wrth ganu: 'Elen fwyn, Elen, wyt ti'n cofio'r lleuad dlos? / Elen fwyn, Elen, wyt ti'n cofio'r nos?'

Oeda am eiliad cyn canu'r 'cofio' olaf, ac yna eich cludo i'r entrychion cerddorol yng ngolau'r lleuad, a chaiff sain nodau olaf y gân eu boddi gan gymeradwyaeth fyddarol y gynulleidfa sy'n codi ar eu traed o'ch cwmpas. Ond nid iddyn nhw y canodd David y gân, ond i chi. Pan ddarllenais y disgrifiad hwnnw i gyfaill i mi sydd yn y byd cerddorol, awgrymodd fy mod wedi mynd dros ben llestri. Ond y gwir amdani oedd *fod* y gynulleidfa gyfan yn mynd dros ben llestri yn eu hymateb i berfformiadau David Lloyd pan oedd ei seren yn disgleirio. Nid cymeradwyo'n barchus y byddent, ond gorfoleddu'n orffwyll o dan ddylanwad llais y tenor carismataidd.

Defnyddiai Matthews Williams ddull cyntefig iawn i ddysgu ei ddisgyblion sut i gynhyrchu nodau uchel yn gywir. Ar ôl goleuo cannwyll a'i gosod ar ben piano, byddai'n dweud wrth y disgybl am ganu o fewn troedfedd iddi. Os na fyddai'r fflam yn symud o gwbl, roedd hynny'n arwydd i'r disgybl ei fod yn cynhyrchu'r nodau uchel yn gywir. Os oedd y fflam yn crynu, byddai hynny'n golygu bod angen mwy o waith ar gynhyrchu'r nodau uchel. Bu'r gwersi a gafodd gyda Matthews Williams o fudd mawr i David, a gwelwyd canlyniad yr ymarfer caled yn dwyn ffrwyth ar lwyfannau eisteddfodau'r cylch.

Yn ystod tymor yr eisteddfodau, byddai David allan bron bob nos ar gefn ei foto-beic yn teithio i gystadlu, ac fel arfer yn ennill. Dywedir ei fod wedi cyrraedd adref ar ôl bod yn cystadlu yn eisteddfodau Cwm, Caerwys a Threlawnyd yr un noson, ac wedi ennill tair gwobr gyntaf. Roedd hi'n dri o'r gloch y bore arno yn parcio'r beic ac yn cnocio ar y ffenest er mwyn deffro'i frawd William i ddangos y *rosettes* buddugol iddo. Bu'r elfen gystadleuol a'r awydd i lwyddo yn rhan annatod o gymeriad David Lloyd ar hyd ei daith gerddorol. Fe fu'n cystadlu mewn dau gant o eisteddfodau, gan ennill ar yr unawd tenor 197 o weithiau, ac fe fyddai'n cydnabod bob amser ei ddyled i lwyfannau niferus yr eisteddfodau bach a'i paratôdd ar gyfer llwyfannau mawr y byd opera a'r neuaddau cyngerdd, ac i Matthews Williams a William

Humphreys am eu cefnogaeth a'u hamynedd. Yn ogystal â chanu'n unigol, roedd David yn mwynhau'r cyfeillgarwch a'r hwyl a ddeilliai o fod yn aelod o gôr, ac ymaelododd â mwy nag un.

Ymunodd â Chôr Meibion Trelawnyd a Chôr Ffynnongroyw o dan arweiniad T. E. Jones, a dod yn unawdydd gyda'r ddau gôr yn fuan wedyn. Mae'n rhaid bod gan David dipyn o feddwl o T. E. Jones, oherwydd ato fo yr anfonodd un o'i lythyrau cyntaf ar ôl cael ei dderbyn yn fyfyriwr yn y Guildhall. Yn ôl un stori, aeth y côr i gystadlu yn Eisteddfod y Golomen Wen. Er i'r beirniad, y Doctor Caradog Roberts, ganmol lleisiau'r côr, roedd 'na un llais yn arbennig a aeth â'i fryd, llais yr unawdydd yn 'Martyrs of the arena', 'The Crusaders', a 'Spartan heroes'. Llais David Lloyd oedd hwnnw. Roedd Caradog Roberts am wybod, 'Who is this beautiful tenor voice?' Ychwanegodd, 'We shall hear a great deal about this young man.'

Ond o'r holl eisteddfodau y bu David ynddynt dros gyfnod o dair blynedd ar ddeg, roedd o eto i ganu yn yr eisteddfod a newidiodd gwrs ei fywyd yn gyfan gwbl. Yr eisteddfod honno oedd Eisteddfod Licswm yn 1933.

Pennod 2

'Mewn Eisteddfod a gynhaliwyd ar y safle hon y daeth y tenor enwog David Lloyd i amlygrwydd.' Dyna'r geiriau ar y garreg sy'n coffáu Eisteddfod Licswm, a dyfodd dros y blynyddoedd yn ei phoblogrwydd a'i phwysigrwydd nes ennill yr hawl i'w galw ei hun yn *semi-national*. Y 'safle hon' oedd cae chwarae ysgol gynradd y pentref, ac ym mis Gorffennaf y flwyddyn bwysig dan sylw, er mwyn sicrhau llwyddiant yr eisteddfod, fe logwyd *marquee* a llwyfan am y diwrnod ar gost o £12, a phiano am £1. I gyfeiliant 'Cân y bugail' fe ganodd David Lloyd yn well na'r tenoriaid eraill, a dyfarnodd y beirniad John Williams y wobr gyntaf iddo. Gŵr talentog o'r Rhos oedd Williams, a fu'n gweithio mewn siop yn Wrecsam nes oedd o'n bedair ar bymtheg oed, pan benderfynodd ei rieni fod eu mab cerddorol-dalentog yn haeddu eu cefnogaeth i ddatblygu ei yrfa. Yn sgil hynny, daeth John yn organydd ym Mangor ac yn ddarlithydd yn adran allanol y brifysgol. Dywedid amdano yn y Rhos fod ganddo 'fwy o *degrees* na thermomedr'. Ond yn ogystal â bod yn ddarlithydd, yn organydd, yn ddatgeinydd ac yn feirniad eisteddfodol, roedd gan John Williams un cymhwyster arall a oedd yn allweddol o safbwynt dyfodol David Lloyd. Roedd o'n arholwr ac yn gweithio ar ran y Guildhall School of Music yng ngogledd Cymru, yn chwilio am gantorion addawol a fyddai'n addas ar gyfer hyfforddiant yn y Guildhall. Gwyddai John Williams o hir brofiad ei fod wedi clywed llais arbennig iawn y diwrnod hwnnw. Mae'n werth nodi'r hyn a ddywedodd ar lwyfan yr eisteddfod, ac a gyhoeddwyd yn y *Flintshire County Herald*:

As people of this county, you should do something to send this young singer to London. I challenge you to tell me that you have heard anything better on the wireless than the rendering of this tenor solo, 'Cân y bugail' by Wilfrid Jones. This singer has an exceptionally good voice, and if you don't send him to London, I promise you that I'll send him there myself, because I think there is a brilliant future for him.'

Roedd John Williams yn ddyn a oedd yn gallu ysbrydoli pobl. Dyna farn y cyfansoddwr o'r Rhos, Arwel Hughes:

Mae gennyf gof plentyn am John Williams. Galwai yn ein tŷ ni yn aml am sgwrs efo fy mrawd, John. Edrychwn ymlaen i'w weld bob tro, a'i glywed yn siarad yn ei lais dwfn a chyfoethog. Câi effaith fawr arnaf, ac yr oedd ei wybodaeth o farddoniaeth a cherddoriaeth yn eang. Ei arwr mawr oedd Wagner, ac yn ddeng mlwydd oed, cefais fy mlas cyntaf ar fiwsig mawreddog yr Almaenwr gan y cawr yma o ddyn. Nid anghofiaf fyth y noson honno pan ddaeth â chopi o'r opera *Tristan und Isolde* draw. 'Hwde,' meddai, 'chwaraea hwn.' Ar ôl dim ond y ddau far cyntaf, teimlais fod byd cerddorol newydd wedi ei agor i mi, yn enwedig pan glywais y cord cyfriniol yn yr ail far. Diolchaf o hyd am y cyfle i adnabod y cymeriad hoffus hwn yn gynnar yn fy mywyd.

Roedd John Williams yn perthyn i gymdeithas oedd yn gofalu bod unrhyw dalent amlwg yn cael ei meithrin a'i hybu drwy drefnu cyngherddau lles i godi arian i hyrwyddo gyrfa yr unigolyn. Gwelodd hyn yn digwydd yn y Rhos, ei bentref genedigol. Roedd James Sauvage, mab yng nghyfraith Llew Llwyfo, yn gweithio yn y pwll glo pan oedd yn naw oed, ac yn meddu ar lais arbennig. Drwy gefnogaeth cymdeithas glòs y Rhos, fe ddaeth yn brif fariton gyda chwmni opera Carl Rosa a'r English National Opera. Prentis i saer coed, fel David Lloyd, oedd Caradog Roberts. Yn 1896 roedd Caradog yn gosod sedd organ newydd yng nghapel mawr y Rhos, a chwaraeodd un o sonatas Bach ar yr offeryn. Pwy oedd yn digwydd mynd heibio ond Dr Roland Rogers, organydd enwog eglwys gadeiriol Bangor. Cysylltodd ar unwaith efo William Davies, cyfansoddwr 'O na byddai'n haf o hyd', ac fe lwyddodd yntau yn ei dro i berswadio rhieni Caradog i'w brynu allan o'i brentisiaeth a dechreuodd astudio ar gyfer ennill graddau cerdd.

Aethpwyd ati o dan arweiniad brwdfrydig John Williams i estyn yr un gefnogaeth i David Lloyd. Ymddangosodd hysbyseb yng nghylchgrawn *Y Cerddor* yn awgrymu na allai teulu David ofalu amdano yn ariannol:

Yn anffodus, nid oes gan y *joiner* ieuanc neb i'w helpu gydag arian, a chan ei fod yn amddifad ac yn gorfod cadw dwy chwaer, y mae'n amheus a all efe gynnal ei hun a'i deulu heb gymorth o rywle. Os teimla rhywrai ddiddordeb yn yr achos, byddiwn yn ddiolchgar am bob help a roddir.

Cynhaliwyd cyngherddau drwy'r ardal, a nodwyd ar y posteri y byddai'r arian o'r cyngerdd yn cael ei ddefnyddio 'i gefnogi David Lloyd'. Un oedd wedi dotio ar lais David Lloyd oedd Hugh Evan Roberts (Tenorydd yr Eifl) o ardal Trefor, Sir Gaernarfon. Fe ganodd o mewn nifer o gyngherddau i godi arian, ac yn ôl yr hanes, y Tenorydd oedd y canwr cyntaf i David ei glywed yn canu'r emyn-dôn 'Hyder'. Ac ar ôl clywed ymateb y gynulleidfa i ddehongliad y Tenorydd o'r emyn, fe benderfynodd David ychwanegu emynau at ei *repetoire*. Enillodd Tenorydd yr Eifl 700 o wobrau eisteddfodol, a phan nad oedd yn cystadlu, treuliai oriau yn ei wely yn canu emynau. Mae'n ddiddorol darllen gwerthfawrogiad un beirniad cerdd o'i lais: 'Llais disglair, parabl clir, synnwyr brawddegau a mydr, tonyddiaeth loyw, ac at hyn, enaid bardd sy'n medru dehongli yn sicr a mynegi'n wefreiddiol.' Pa ryfedd fod y Tenorydd yn hoff o arddull David Lloyd, gan fod yr uchod yn ddisgrifiad perffaith o'i arddull yntau.

John Williams a benderfynodd y dylai David baratoi ar gyfer clyweliad yn y Guildhall ddiwedd 1933, gan obeithio y byddai'n llwyddo i ennill ysgoloriaeth ac yna'n cychwyn fel myfyriwr yno ym mis Ionawr 1934 pan fyddai'n ddwy ar hugain oed. Dewisodd Matthews Williams, ei athro llais, ganeuon 'a oedd yn siwtio i'r dim ofynion lleisiol y tenor ifanc i drwch y blewyn', yn ôl Huw Williams, awdur *Canu'r Bobol*. 'On with the motley', aria o'r opera *I Pagliacci* gan Leoncavallo, yr aria 'How vain is man' o *Judas Maccabaeus* gan Handel, 'To daisies' gan Roger Quilter a 'Cân y bugail' gan Wilfrid Jones – amrywiaeth i ddangos ei feistrolaeth dros nifer o wahanol arddulliau o ganu.

Nid ar chwarae bach y byddai David yn ennill ysgoloriaeth i fynychu Coleg Cerdd y Guildhall. Bu dau glyweliad, ac yn ôl erthygl yn *Y Faner* am hanes cynnar David Lloyd, 'Cynigiodd 300 am yr ysgoloriaeth, a'r cyfan a ddywedwyd wrth David oedd "llais dymunol".' Dychwelodd i'r Berthengam i aros i glywed ei dynged. Aeth wythnos hir heibio heb unrhyw newydd. Ar ddiwedd yr ail wythnos, daeth ei gyflogwr Robert Williams i'w weld â thelegram yn ei law, a newyddion da. Roedd y coleg am ei glywed yn canu eto. 'Tynnwyd y rhestr i lawr i dri,' yn ôl *Y Faner*. Aeth David a William, ei frawd, ar y trên dros nos o'r Rhyl i Lundain, gan gyrraedd am chwech y bore. Ar ôl brecwast yn y Cambrian Hotel, aeth y ddau frawd i chwilio am y Guildhall. Chawson nhw ddim help gan blismon cyfagos, ond o'r diwedd, fe gyrhaeddon nhw. Roedd enw David yn cael ei alw ar gyfer y clyweliad fel roedd o'n camu i mewn i'r lifft. Caeodd y drysau. Aeth y lifft i fyny ac eisteddodd William i aros. Ymhen hir a hwyr, agorodd y drysau unwaith eto. Nid David gamodd allan o'r lifft, fodd bynnag, ond gŵr blin iawn yr olwg a boerodd un frawddeg i gyfeiriad William: 'The bloody Welshman's got it.'

Roedd Syr Landon Ronald, Prifathro'r Guildhall, a'i gydarholwyr wedi mwynhau'r clyweliad yn fawr, yn enwedig ei ddehongliad o 'Cân y bugail', ac roeddent yn ddiolchgar iawn i John Williams am anfon David atyn nhw. Roedd y bachgen ifanc a adawodd yr ysgol yn 14 oed, a fu'n brentis saer, na fedrai ddarllen hen nodiant ac a oedd prin yn medru siarad Saesneg, wedi ennill prif ysgoloriaeth Coleg Cerdd y Guildhall, ac roedd o ar ei ffordd i Lundain.

Fe gollodd David Lloyd ei fam pan oedd o'n 15 oed, a'i dad bedair blynedd yn ddiweddarach. Yn ôl ei chwaer Mona, pe byddai Elizabeth Lloyd yn fyw pan enillodd David le yn y Guildhall, byddai wedi gwneud popeth o fewn ei gallu i'w atal rhag gadael Berthengam a throi ei olygon i gyfeiriad Llundain, gan mai ef oedd cannwyll ei llygad. Ai priodoli ei theimladau ei hun i'w mam yr oedd Mona, am iddi fod mor warchodol o David drwy gydol ei oes? Roedd ei weld yn gadael cartref yn loes calon iddi, ac roedd clywed hanesion am ei fywyd personol yn nes ymlaen yn ei thristáu yn fawr hefyd. Roedd Mona am i Gymru adnabod y tenor heb adnabod y dyn.

Pennod 3

'Le ffyrnig, llu uffernol.' Felly y disgrifiwyd Llundain gan y bardd Tomos Prys dros dri chant a hanner o flynyddoedd cyn i David Lloyd fynd yno yn fyfyriwr yn 1934. Hyd yn oed os oedd darlun Prys yn gywir – a doedd o ddim yng ngolwg Siôn Tudur: 'Llundain, lle mae'r holl lendid', medda fo – nid ataliodd ei ddisgrifiad unllygeidiog lifeiriant o Gymry talentog rhag troi eu golygon tua phrifddinas Lloegr mor gynnar â'r unfed ganrif ar bymtheg. Ac ni fu atal ar y llif ers hynny. Ond ni ddangoswyd fawr o ddiddordeb tan Eisteddfod Bae Colwyn 1947 pan enillodd Bob Owen, Croesor am ysgrifennu traethawd yn dwyn y teitl 'Ymfudiadau o Gymru i Lundain, a hanes y bywyd Cymreig yn Llundain'.

Erbyn hynny, roedd David Lloyd wedi dyweddïo, wedi creu enw iddo'i hun fel un o denoriaid gorau ei genhedlaeth, a dilyn yn ôl traed nifer o gerddorion Cymreig a fu'n perfformio ar lwyfannau neuaddau cyngerdd Llundain. Cyn iddo ddod yn organydd eglwys Sant Jude yn Southsea, roedd John Orlando Parry, mab Bardd Alaw, yn ymarfer ei ddawn fel pianydd, ac yn creu cymeriadau digri oedd yn perfformio caneuon doniol ar lwyfannau'r ddinas. Gŵr o Ddinbych, nid nepell o gartref David Lloyd, oedd Bardd Alaw, ac ar ôl iddo symud i Lundain, lle ganwyd ei fab, fe'i penodwyd yn gyfarwyddwr cerdd Vauxhall Gardens.

Un o'r digwyddiadau cerddorol cofiadwy a ddaeth â Chymru a'i cherddorion i sylw Llundeinwyr oes Fictoria oedd y gystadleuaeth gorawl a gynhaliwyd am wythnos yn y Palas Crisial yn 1872. Ac fe ddangosodd Griffith Rhys Jones (Caradog) a'i gôr o 350 o leisiau nad oedd canu corawl tebyg i ganu corawl Cymreig drwy ennill y gystadleuaeth, codi'r cwpan a dychwelyd i Gymru gyda £1,000. Cafodd Caradog ei glodfori fel arwr cerddorol, ac yn wir fe ysbrydolodd ei fuddugoliaeth Henry Brinley Richards, un o gyn-ddisgyblion Chopin, i gyhoeddi *Songs of Wales*, a thrwy hynny ddod â chaneuon Cymru i sylw cynulleidfa ehangach. A lledaenu'r efengyl gerddorol Gymreig wnaeth John Thomas, Pencerdd Gwalia, hefyd, drwy sefydlu nifer o gyngherddau blynyddol, mawr, oedd yn rhoi amlygrwydd i gerddoriaeth a chantorion o Gymru, megis Edith Wynne a Ben Davies, ar lwyfan prif neuaddau cyngerdd Llundain. Yn ôl papur newydd *The Times*, 'The performers are largely drawn from the Principality, and it speaks volumes for the musical culture of Wales that so many of the first-rank artists of our concert-rooms belong to the Cymry.'

Mae un tenor y dylid cyfeirio ato yng nghyd-destun y cyfnod cerddorol egnïol hwn yn Llundain, a hwnnw ydi Eos Morlais. Yn ei lyfr *Codi'r Hen Wlad yn ei Hôl*, mae Hywel Teifi Edwards yn olrhain hanes y tenor poblogaidd, ac wrth iddo sôn am ei rinweddau, mae'n tynnu cymhariaeth â David Lloyd:

Yn syml, fe fendithiwyd Eos Morlais â llais goludog ac anian frwd a sêl gyfathrebol a'i gwnaeth yn un â'i gynulleidfaoedd yng nghwlwm teimlad. Mynnai eu cyffroi, a mynnent hwythau gael eu cyffroi ganddo. Llifai cerrynt cydymdeimlad cwbl gywir rhyngddo ef a'i wrandawyr. Dim ond David Lloyd ar ei ôl a feddiannodd galon ei bobl mewn modd tebyg iddo.

Yn Eisteddfod Genedlaethol Llundain 1887, a Thywysog Cymru yn bresennol, fe gododd Eos Morlais ar ei draed i ganu'r anthem genedlaethol, ac fe gododd y tywysog a'i deulu hefyd. Hwn oedd y tro cyntaf yn ein hanes i'r anthem genedlaethol gael cydnabyddiaeth o'r fath gan deulu brenhinol. Pan oedd David yn anterth ei boblogrwydd, ar eu traed yr oedd ei gynulleidfaoedd yntau hefyd, yn gweiddi am fwy. Yn Eisteddfod Aberteifi 1942, byddai'r gynulleidfa'n gwrthod iddo adael y llwyfan, a bu'n rhaid iddo ganu saith encôr.

Yn dilyn marwolaeth ei rieni, David oedd prif gynhaliwr y teulu, ac roedd y penderfyniad i adael ei chwiorydd a mynd i Lundain yn pwyso'n drwm iawn arno. Yn wir, bu poeni cyson a theimlo'n bryderus yn rhan annatod o'i gymeriad drwy gydol ei oes. Yn ystod ei ddyddiau coleg, byddai'n canu mewn tai bwyta yn Llundain ac mewn nosweithiau diwylliannol yn y capeli Cymraeg, er mwyn medru anfon arian adref at y teulu – arian a ddefnyddiwyd yn y pen draw i brynu fan er mwyn iddynt gychwyn busnes gwerthu llysiau a ffrwythau o dŷ i dŷ. Yn naturiol, roedd dilyn cwrs academaidd y coleg yn anodd i David. Er bod ganddo lais arbennig, ni allai ddarllen cerddoriaeth, dim ond y sol-ffa. Fe fynegodd ei ansicrwydd am ddoethineb ei benderfyniad i fynd i'r coleg yn Llundain mewn cyfweliad gyda phapur newydd y *Star*: 'When I first came to London, I had only a slight knowledge of English, and was terribly conscious of my inadequacy,' meddai.

Roedd yr *inadequacy* a deimlai yn cynnwys y drafferth a gawsai i deimlo'n gatrefol yng nghanol prysurdeb y ddinas fawr ac yng nghwmni ei gyd-fyfyrwyr, a ddeuai o gefndiroedd breintiedig a chyfoethog. Yn ôl un o ffrindiau David, 'Fe aeth i Lundain efo dim ond pythefnos o gyflog saer coed yn ei boced.' Yn ôl Don Lloyd, doedd gan ei gyfoedion ddim problem efo rhoi gwybod i David eu bod yn 'well' nag o. Mae Don yn cofio ei ewythr yn dweud wrtho fod myfyrwyr y flwyddyn gyntaf yn ei fwlio'n eiriol: 'What chance does a country bumpkin like you have against the likes of us? What have *you* got? We've got degrees.' Ymgais David i'w amddiffyn ei hun oedd yr ateb pigog, 'Yes! But what's your *voice* like?' Ac erbyn diwedd ei gyfnod yn y coleg bedair blynedd yn ddiweddarach, fe ddangosodd i'w gyd-fyfyrwyr beth oedd ganddo i'w gynnig yn lleisiol drwy ennill pob gwobr yr oedd gan y Guildhall i'w chynnig, gan gynnwys medal aur y coleg, medal y tenor gorau a medal y myfyriwr gorau.

Cael lle i fyw oedd ei orchwyl cyntaf ar ôl cyrraedd. Roedd *Y Ddolen*, papur Cymraeg Cymry Llundain, yn llawn hysbysebion yn cynnig llety yn y ddinas i fyfyrwyr oedd yn bell oddi cartref, yn ogystal â chynnig hyfforddiant lleisiol. Dyma un enghraifft:

Bed and Breakfast provided in a Welsh Guest House in Kensington High Street. One pound for a whole week and one year's full vocal training to a singer of Welsh Nationality. Leila Megane, late of Opera Comique, Paris and Covent Garden, announces that she is prepared to accept pupils in Vocal production and singing at the Bluthner studios, Wigmore Street, and also T. Osborne Roberts, teaches piano. Singing and harmony. Pupils will be coached for concerts.

Doedd dim angen i David fanteisio ar gynnig Leila Megane nac Osborne Roberts, gan fod ganddo athro lleisiol nodedig yn y coleg, sef Walter Hyde. Trefnwyd bod David yn aros gyda Mr Owens, oedd wedi gwerthu ei fferm yn Llanelwy i ddechrau busnes llaeth yn Llundain. Drwy'r teulu hwn, cyflwynwyd David i fywyd Cymraeg capeli Llundain a'r cymdeithasau diwylliannol. Roedd clywed pregeth a chanu emyn yn fodd i Gymry ifanc gynnal cysylltiad â diwylliant eu gwlad, ac roedd ganddynt ganolfan hefyd yn Gray's Inn Road, lle gallent gyfarfod i gymdeithasu. Ond os oeddach chi am ddod o hyd i'ch cyd-Gymry ar nos Sul, y man cyfarfod oedd Speakers's Corner yn Hyde Park, lle'r oedd hawl gan unrhyw un i sefyll ar focs sebon a siarad ar unrhyw bwnc dan haul o flaen cynulleidfa frwd fyddai'n fwy na pharod i anghytuno â barn y siaradwr. Yna byddai rhywun yn dechrau canu emyn, a byddai'r dadlau a'r anghytuno'n troi yn gyd-ganu mewn cymanfa anffurfiol, hwyliog. Yn fuan iawn, ymddangosodd enw David Lloyd ar dudalennau *Y Ddolen*. Rhannodd lwyfan gyda Trevor Anthony mewn cyngerdd yng nghapel Cymraeg Battersea Rise, a chanu mewn perfformiad o *Elijah* gan Mendelssohn yn eglwys Willesden Green gyda Roderick Lloyd, y bariton o Lyn-nedd, a Cyril Anthony yn organydd. Yn 1936, ar yr un noson ag yr oedd Iorwerth Peate yn darlithio i aelodau Cymdeithas Sir Gaernarfon yng nghapel Charing Cross, roedd Cymdeithas Cymry Llundain yn cael mwy o hwyl o lawer yn nhŷ bwyta'r Criterion yn Piccadilly Circus, yn dawnsio ac yn gwrando ar bedwar tenor yn canu – Gwynne Davies, John Myrddin, Walter Glynne a David Lloyd. Yn sicr, yn ystod y pedair blynedd a dreuliodd David yn y Guildhall, doedd o ddim yn brin o wahoddiadau i gymdeithasu.

Ar ôl ei chwe mis cyntaf yn y coleg, fe dderbyniodd lythyr oddi wrth ddau arweinydd – y naill gan T. E. Jones, arweinydd côr Ffynnongroyw y bu David yn aelod ohono, a'r llall gan Festyn Davies, cyn-fyfyriwr yn y Guildhall ac arweinydd y Welsh Imperial Singers. Tenor oedd Festyn yn wreiddiol a ddaeth yn enwog fel arweinydd yn nes ymlaen. Chwarelwr oedd o wrth ei alwedigaeth, ac mi benderfynodd ar newid cyfeiriad go ddramatig, gan newid ei enw hefyd, o Robert i Festyn, a mynd allan i America, lle sefydlodd y Welsh Imperial Singers. Yn ôl y posteri a'r cyhoeddusrwydd, hwn oedd 'Britain's Greatest Male Ensemble – seen and heard in all corners of the earth', gan gynnwys Trawsfynydd! Cadwodd Festyn mewn cysylltiad â'i hen goleg rhag ofn fod lleisiau newydd ar gael a fyddai'n ddigon da i ymuno â'r Imperials. Byddai'n crwydro'r wlad fel Simon Cowell ei ddydd, yn chwilio am dalent newydd. Mae'n amlwg bod Festyn yn credu ei fod yn gerddor arbennig o dalentog, fel mae rhan olaf ei lythyr at David yn ei awgrymu: 'I like you as a fine, clean, upright young man, with good prospects to become a good singer, and as you know, to be with me is better than to spend years in the Royal Academy of Music.'

Yn amlwg, doedd gwyleidd-dra ddim yn un o nodweddion Festyn Davies, na chael ei ffeithiau'n gywir chwaith, gan mai yn y Guildhall yr oedd David yn fyfyriwr ac nid yn yr Academi Frenhinol. Ar ben hynny, mae'n anodd credu y byddai David wedi bod yn hapus o dan arweiniad Festyn Davies, gan ei fod yn ŵr ecsentrig iawn. Mynnai fod aelodau ei gôr yn gwisgo siacedi coch a throwsusau gwyn, tyn, tra safai Festyn o'u blaenau yn gwisgo clôs pen-glin melfed a monocl. Mae'n debyg fod ymarferion corawl Festyn yn reit debyg i *manoeuvres* yn y fyddin. Byddai'r côr yn gorfod martsio i mewn i'r neuadd ac ar ôl cyrraedd y llwyfan, eu gosod eu hunain mewn grwpiau o chwech yma ac acw fel petaent yn paratoi i berfformio mewn cân actol. Ni dderbyniodd y tenor o'r Berthengam wahoddiad y tenor egsentrig o Drawsfynydd i ddod yn aelod o'r Imperial Singers. Doedd gwisgo trowsusau gwyn a martsio mewn cot goch ddim yn gweddu i gymeriad David Lloyd, rywsut.

Yr arweinydd arall a anfonodd lythyr at David oedd T. E. Jones, ac mae ateb David yn ddadlennol iawn:

Annwyl Mr Jones,

Drwg gennyf fy mod wedi bod cyhyd cyn ysgrifennu atoch, ond gellwch sylweddoli beth mae cyfnewidiadau o'r fath yma wedi ei feddwl i fachgen o gefn gwlad. Yn wir, Mr Jones, *rwyf wedi bod ar goll lawer gwaith er pan wyf yma, a hynny mewn mwy nag un ystyr.* Yr wyf yn teimlo'n fwy dyledus i chi nag i neb arall. Beth gariodd fi drwy yr ecsam yn gyntaf oedd fy llais, ac yn ail, *sense of music* – a chefais i ddim hwnnw gan neb ond y chwi a hynny yn y côr. Yno y derbyniais i rywbeth sydd yn angenrheidiol mewn canu, a'r peth hwnnw yw 'enaid'. Yr wyf yn dyfod ymlaen yn dda iawn yma. Mae y doctoriaid yn hynod o ffeind wrthyf. Yr wyf erbyn hyn wedi dod i sylweddoli faint o addysg sydd yn angenrheidiol i wneud canwr da, a gallaf weld fod hynny yn llawer iawn. Yr wyf yn cymryd y piano fel *second subject*, achos credaf y bydd yn fantais fawr i mi, am fy mod yn gorfod dysgu pob peth oddi ar hen nodiant. A deud y gwir, mae gennyf hiraeth am bractis côr, neu eisteddfod neu rywbeth. O hyn tan y Pasg, ni chaf afael mewn unrhyw fath o gân. Mae Mr Hyde [ei athro llais] wedi darganfod mai fy ngwendidau yw fy nodau isaf. Mae arnaf eisiau ennill dau nodyn i lawr. Rydw i wedi ennill un. O'r holl gantorion sydd yma, y fi sy'n dal yr ysgoloriaeth fwyaf – da o beth, gan fod gwersi yn costio £3 yr awr.

Diolchiadau fil am yr hyn yr ydych wedi ei roi i mi yn y gorffennol.

Y cymal 'mewn mwy nag un ystyr' sy'n ddiddorol yma. Mae'n awgrymu'n gryf fod y newid o fywyd hamddenol, cyfeillgar y Berthengam i fywyd prysur, amhersonol y brifddinas wedi achosi poen meddwl a phryder mawr i David. O bosib ei fod wedi gofyn cyngor meddygol, a da o beth oedd hi fod y 'doctoriaid yn hynod o ffeind wrthyf.' Yn ystod ei yrfa, fe gafodd achos i fynd i weld y meddygon ar fwy nag un achlysur, yn dioddef o iselder oherwydd bod pwysau gwaith yn drech nag o. Ond roedd 'na elfen o styfnigrwydd yng nghymeriad David Lloyd. Erbyn diwedd ei dymor cyntaf, roedd wedi ennill un o wobrau'r Coleg – Gwobr Catherine Howard – a rhuban glas fel enillydd cystadleuaeth Her Unawd y Coleg. Oedd, roedd David wedi arfer ennill ers iddo ddechrau cystadlu yn wyth oed. Buan iawn y sylweddolodd, fodd bynnag, faint yr her oedd yn ei wynebu os oedd llwyddiant ar lwyfan ehangach i ddod i'w ran. Fel yr eglurodd yn y llythyr, aeth ati i ddysgu'r piano, yn rhannol oherwydd bod hynny'n ei orfodi i ddysgu sut i ddarllen cerddoriaeth yn hytrach na dibynnu ar sol-ffa. Ond bu'r sol-ffa yn gymorth iddo drwy gydol ei gyfnod yn y coleg ac fel canwr proffesiynol. Yn y Llyfrgell Genedlaethol, cedwir copïau personol o unawdau a ganodd David Lloyd. Ar sawl tudalen, o dan y nodau, gwelir ôl llaw David lle'r ysgrifennodd y nodau sol-ffa cyfatebol. Yn ei eiriau ei hun, 'Pan oeddwn i mewn trwbwl, sol-ffa oedd yn fy achub.'

Pennod 4

Prifathro Coleg y Guildhall pan gyrhaeddodd David yno yn 1934 oedd Syr Landon Ronald. Roedd yn fab i Henry Russell, cyfansoddwr rhai o ganeuon poblogaidd y cyfnod megis 'A life on the ocean wave' a 'Woodman, spare that tree'. Daeth Landon Ronald i amlygrwydd fel cyfeilydd meistrolgar, a bu'n cyfeilio i lu o gantorion enwog, gan gynnwys y gantores opera o Awstralia, Nellie Melba. Roedd Ronald yn ŵr efo dipyn o steil yn perthyn iddo, ac roedd yn hoff iawn o gymdeithasu. Drwy ei gyfeillgarwch gyda'r tenor Paolo Tosti, daeth yn ymwelydd cyson â chastell Windsor. Fe gyrhaeddai'r coleg bob bore fel pin mewn papur, yn sêt gefn ei Rolls Royce a *chauffeur* wrth y llyw. Bu'n ddylanwad pwysig ar David yn y coleg, ac mae pob lle i gredu bod y Prifathro wedi cadw golwg dadol arno, a meithrin ei sgiliau.

Cyn iddo gael ei benodi'n Brifathro yn y Guildhall, bu Ronald yn gweithio fel arweinydd sioeau cerdd yn y West End ac yng nghyngherddau poblogaidd y Winter Gardens yn Blackpool, ac fel cyfansoddwr caneuon clasurol. Ymhlith ei weithiau roedd cylch o ganeuon yn dwyn y teitl 'Summertime', a gyfansoddwyd yn arbennig i Ben Davies, y tenor o Bontardawe oedd yn cael ei gydnabod ar y pryd fel y tenor gorau drwy Ynysoedd Prydain. Ddwy flynedd cyn i lwybrau David Lloyd a Landon Ronald groesi, roedd Ronald yn gweithio fel ymgynghorydd cerddorol i gwmni recordio Gramophone & Typewriter Ltd, rhagflaenydd y label His Master's Voice (HMV). Bu'n gyfrifol am berswadio Adelina Patti ac Enrico Caruso i recordio i'r cwmni, ond doedd Nellie Melba ddim mor siŵr a oedd yn syniad da ai peidio. 'Mae meddwl am recordio fy llais,' meddai, 'yn sarhad ar fy ngallu fel unawdydd i gyfathrebu'n fyw gyda fy nghynulleidfa yn y neuadd gyngerdd.' Ac yn wir, fe soniodd Don Lloyd wrthyf un tro nad oedd David Lloyd yn hoffi gwrando ar ei lais ei hun ar ôl iddo yntau ddechrau recordio yn y 1940au.

Athro llais David yn y coleg oedd Walter Hyde, tenor rhyngwladol enwog yn ei ddydd. Gwnaeth enw iddo'i hun am ganu Siegfried yn *Die Walküre* Wagner yn Nhŷ Opera'r Metropolitan yn Efrog Newydd. A phan ganodd y rhan yn Drury Lane, gellid bod wedi gwerthu'r tocynnau dair gwaith drosodd. Yn ôl Syr Thomas Beecham, a oedd yn arwain yr opera am y tro cyntaf, 'Ni allai neb fod wedi canu'r rhan yn well.' Fe ddatblygodd Walter Hyde i fod yn un o'r ychydig denoriaid Prydeinig a fedrai ganu gwaith Wagner yn llwyddiannus. Yn fuan ar ôl ei lwyddiant gyda Chwmni Opera'r Metropolitan, ymunodd Walter Hyde â staff Coleg y Guildhall fel athro llais. Roedd o'n ddylanwad aruthrol ar David. Roedd y canwr ifanc fel clai yn ei ddwylo.

'Athro teg iawn, oedd yn hawlio'r gorau a dim byd llai,' oedd o, yn ôl David. Ond roedd hyd yn oed Walter Hyde yn gallu gwneud camgymeriadau weithiau. Roedd o'n chwarae rhan Laertes mewn cynhyrchiad newydd o *Hamlet*, ac roedd newydd herio Hamlet i dynnu ei gleddyf. Safodd y ddau yno'n syllu ar ei gilydd am ychydig, ac yna sibrydodd Hamlet, 'Dwi wedi anghofio fy nghleddyf yn yr ystafell newid.' Ni wyddai Walter beth i'w wneud, ond yn ôl yr hanes, mi lapiodd Hamlet ei glogyn mawr amdano gan sibrwd yn gyfrinachol yn y düwch, 'Gad i ni fynd.' A mynd ddaru nhw, gan adael y gerddorfa, ei harweinydd a'r gynulleidfa'n syfrdan. Gyda llaw, mae'n werth nodi o ran diddordeb mai un arall o ddisgyblion Walter Hyde oedd Arthur Reckless, a ddaeth ymhen blynyddoedd yn athro canu ar Bryn Terfel.

Mi oedd yr ymarfer lleisiol yn galed, fel yr oedd y gwaith ysgrifenedig ar theori cerddoriaeth. Ac mae ei nodiadau yn ei *Exercise Book* yn dangos lle'r oedd David arni. Dyma ei gofnod cyntaf fel myfyriwr yn y Guildhall: 'Music is represented by means of characters called notes! A scale is a series of sounds in alphabetical order.' O'r dechreuad sylfaenol hwn, fe ddatblygodd David i fod yn fyfyriwr disglair yr oedd Walter Hyde yn ei edmygu. Rhoddodd yr adroddiad hwn iddo ar ddiwedd ei flwyddyn gyntaf:

Has achieved much, and a number of difficulties have been mastered. His singing and general music outlook are definitely advanced. I expect big things from him. He has proven himself a capital student and a first-rate worker.

Ond roedd o hefyd wedi creu enw iddo'i hun ar lwyfannau cyngerdd drwy Gymru a Lloegr. Ceir cyfeiriad ato ym mis Mawrth 1935 mewn cyngerdd Gŵyl Dewi yn yr Wyddgrug, ac mae'n amlwg fod ei berfformiad wedi plesio. Yn ôl y *Daily Post*, 'He has an easy mastery over every turn in a melody, and can conceal his art so that every note sounds as carefree as a songbird.' Y mis canlynol roedd yn ôl yn y gogledd yn rhannu llwyfan yn y Rhyl gyda Violet Jones, 'the brilliant soprano' (oedd yn wraig i Towyn Roberts), a Madame Katie Peters, 'the well-known contralto'. Cafodd wythnos o waith yn canu i'r ymwelwyr yn y Winter Gardens yn Llandudno, ac enillodd £20 am 12 perfformiad. O gofio mai £45 y flwyddyn oedd gwerth ei ysgoloriaeth, prin y gallai David honni bod £20 am wythnos o waith yn 'pretty small indeed', fel y gwnaeth yn ei lythyr at y Cyngor lleol. Yn gynnar iawn, roedd David Lloyd yn amlygu nodweddion un a oedd yn gwybod ei werth fel canwr, ac roedd cael ei gymharu ag Enrico Caruso yn cadarnhau hynny. 'David George Lloyd – The Welsh

Caruso' oedd ar bob poster. Yn dair ar hugain oed, roedd yn cael ei gymharu â'r tenor mwyaf a fu erioed, yn ôl rhai.

Yng nghyd-destun gyrfa gerddorol a bywyd personol David Lloyd, roedd geiriau Caruso wrth ddisgrifio ei yrfa ei hun yn adlewyrchu'n agos iawn yr hyn fyddai'n digwydd i David:

Cyn i mi ddod yn enwog, roeddwn i'n canu'n ddiofal fel aderyn, heb nerfau o gwbl. Ond gan fy mod i wedi ennill enwogrwydd erbyn hyn, mae disgwyliadau'r gynulleidfa sy'n dod i wrando arnaf yn canu wedi cynyddu. Teimlaf weithiau fy mod yn plygu o dan y pwysau. Cyn i rywun gyrraedd y brig, y cwestiwn mawr ar eich meddwl drwy'r amser ydi, 'Sgwn i a wna i lwyddo.' Ar ôl i chi lwyddo a chyrraedd y brig a chael clod y gynulleidfa, mae cwestiwn arall yn codi: 'Pryd fydda i'n disgyn o'r copa?' Mae'r gynulleidfa yr un mor barod i feirniadu ag ydyn nhw i ganmol. Unwaith rydych chi wedi cyrraedd y brig, does 'na nunlle arall i fynd. Gallwch aros yno am dipyn, ond yn hwyr neu'n hwyrach byddwch yn dechrau llithro a cholli'ch gafael. Ryw noson, fe fydd rhywun yn y gynulleidfa'n sylwi, ac yn sibrwd wrth y person nesaf ato, ac yn y blaen. Heb os, mae un peth sy'n fwy anodd o lawer na chyrraedd y brig, ac aros ar y brig ydi hwnnw. Bob tro dwi'n canu, dwi'n teimlo fod 'na rywun ar ochr y llwyfan yn aros i ddwyn y cyfan oddi arnaf, i'm dinistro, ac mae'n rhaid i mi ymladd i sicrhau nad yw hynny'n digwydd, nad wyf yn cael fy ninistrio.

Ond roedd y dyfodol tywyll hwnnw ymhell i ffwrdd i David Lloyd ar y pryd, a Chymru eisoes yn ei gydnabod fel tenor o'r radd flaenaf.

Fel y soniais eisoes, roedd David yn canu gyda'r nos mewn tai bwyta yn y West End er mwyn ennill arian ychwanegol tra oedd o yn y coleg. Yn sicr, byddai cerdded ar hyd strydoedd llydan Llundain, yng nghanol y traffig prysur, a'r goleuadau llachar yn fflachio ar hysbysfyrddau'r theatrau a'r sinemâu wedi bod yn brofiad cyffrous, os yn un estron, i fachgen ifanc oedd oddi cartref am y tro cyntaf. Byddai David yn dechrau yn y Trocadero, tŷ bwyta crand yng nghanol theatrau'r West End, oedd yn perthyn i deulu Lyons', a sefydlodd y Corner House enwog yn y brifddinas. Roedd cerdded i mewn i'r Trocadero fel cerdded i mewn i dŷ opera, gyda'i bensaernïaeth Fictoriaidd ysblennydd a murluniau oedd yn portreadu chwedlau Arthuraidd yn harddu'r grisiau hir oedd yn arwain at yr ystafell fwyta lle byddai David yn canu i ddiddanu'r bobl gefnog tra oedden nhw'n mwynhau'r bwyd blasus. O'r Trocadero, byddai'n mynd draw i'r Café Royal efo'i garpedi trwchus a'i bileri euraid, a drychau ym mhob man er mwyn i'r sêr oedd yn mynychu'r lle weld eu hunain, a chael eu gweld hefyd.

Ar ôl ailymweld â'r Trocadero i orffen y noson, byddai David yn mynd adre i'r coleg â chwe phunt yn ei boced – arian da o gofio mai dim ond tair i bedair punt oedd cyflog wythnos gweithiwr cyffredin yn 1936. Prin fod unrhyw un yn y Trocadero na'r Café Royal wedi talu gormod o sylw i'r canwr ifanc golygus efo'r gwallt trwchus, du, tra oedden nhw'n llowcio wystrys ac yn archebu poteleid arall o Dom Pérignon. Er mwyn creu sŵn pleserus yn y cefndir yr oedd David Lloyd yn cael ei gyflogi, nid i roi perfformiad cyhoeddus. Ond ymhen llai na thair blynedd, fe fyddai rhai o gwsmeriaid cyfoethog y Trocadero a'r Café Royal yn gweld David Lloyd unwaith eto, a'r tro hwn byddent yn talu i'w weld o pan fyddai'n canu rhan Macduff yn yr opera *Macbeth* ar lwyfan tŷ opera Glyndebourne, ar ddechrau ei yrfa operatig fyrhoedlog.

Tra oedd David yn fyfyriwr yn y Guildhall, aeth y teulu brenhinol yno ar ymweliad, ac roedd o ymhlith y myfyrwyr a fu'n canu mewn cyngerdd i'w croesawu. Unwaith eto, gwnaed cymhariaeth â Caruso, yn y *Daily Express* y tro hwn: 'Welsh Caruso to sing before King and Queen, two years after he was a village joiner.' Meddai David wrth y papur, 'I dreamed of such things happening to me, but I never thought they really would.' Mewn gwirionedd, ni freuddwydiodd David Lloyd y byddai'n mynd i'r Guildhall, heb sôn am ganu o flaen y teulu brenhinol. Ni freuddwydiodd chwaith am fod yn ganwr proffesiynol. Hwyl oedd canu i'r bachgen ifanc ar y llwyfan eisteddfodol. Hwyl, a phres yn ei boced. Er iddo gael hyfforddiant ffurfiol gan W. Matthews Williams, y digwyddiad allweddol yn ei ddatblygiad oedd cyfarfod â John Williams yn Eisteddfod Licswm. Oni bai i hynny ddigwydd, o bosib y byddai David wedi aros yn y Berthengam, yn ennill ei fywoliaeth fel saer coed, a heb gael cydnabyddiaeth ryngwladol fel un o denoriaid mawr ei genhedlaeth. A phwy a ŵyr na fyddai wedi bod yn hapus, gartref efo'i deulu? Oherwydd mae i lwyddiant ei bris, ac fe dalodd David y pris hwnnw yn llawn.

Pennod 5

Bu David Lloyd yn perfformio'n gyhoeddus ar hyd a lled Prydain drwy gydol ei gyfnod fel myfyriwr yn y Guildhall. Ym mis Ebrill 1936 bu'n canu gyda Roderick Lloyd, unawdydd gyda Sadler's Wells, yn sinema'r Plaza ym Mangor, ac ymhen yr wythnos, yr oedd yn Muswell Hill gyda Ceinwen Rowlands mewn perfformiad o'r *Meseia* ar ddydd Gwener y Groglith. Yn ôl Ceinwen, roedd David yn casáu'r holl deithio o dref i dref ac o gyngerdd i gyngerdd ar draws y wlad, ar drên gan amlaf. Ond o leiaf roedd o'n cael amser iddo'i hun i ddysgu caneuon newydd, er bod pobl yn edrych yn rhyfedd arno weithiau, yn agor ei geg heb greu unrhyw sŵn o gwbl. Soprano boblogaidd iawn o Gaergybi, Sir Fôn, oedd Ceinwen, ac un a fu'n aelod o'r corws yn Glyndebourne.

'Dyna i chi pa mor dda oedd David am ganu,' meddai ar un achlysur. 'Ar ôl ennill y fedal aur yn y Guildhall, fe gafodd o ran yn opera Verdi, *Macbeth*, yn syth. Doedd dim rhaid iddo fo fynd i'r corws a phrofi ei hun'. Cawn ddod yn ôl at yr honiad hwn yn y man. Fe ddatblygodd cyfeillgarwch clòs rhwng y ddau dros y blynyddoedd, a gwyddai Ceinwen yn well na neb fod David yn gorfod gorchfygu ei nerfau cyn mynd ar y llwyfan a thra oedd o'n canu hefyd. Ni lwyddodd David i goncro'r nerfusrwydd, ond mi ddysgodd ei reoli. Un tro, roedd Ceinwen a David yn canu gyda'i gilydd mewn cyngerdd yn y gogledd. Rhoddodd David fraich gadarn amdani yn ystod deuawd ramantus, a gallai Ceinwen deimlo chwys nerfusrwydd drwy ei ddillad.

Yn 1936, fe benodwyd gŵr o Birchgrove, Llansamlet, i swydd bwysig yn y BBC; penodiad a fyddai'n cael dylanwad allweddol ar yrfa David Lloyd. Mab i löwr oedd Idris Lewis, a ddangosodd yn ifanc iawn fod ganddo dalent gerddorol go arbennig. Enillodd ysgoloriaeth i'r Coleg Cerdd Brenhinol yn Llundain ac yntau'n ddim ond 16 oed. Disgleiriodd fel pianydd, ac ar ôl iddo raddio, teithiodd o gwmpas India gan berfformio yn neuaddau cyngerdd dinasoedd mwyaf y wlad. Aeth ei yrfa gerddorol o nerth i nerth, ac i wahanol gyfeiriadau hefyd. Pan oedd yn 26 oed, roedd Idris yn gyfarwyddwr cerdd theatrau'r Lyric a'r Gaiety yn Llundain, ac yna trodd ei olygon at fyd sinema fel cyfarwyddwr cerdd British International Pictures yn Elstree, lle'r oedd o'n gyfrifol am drefnu cerddoriaeth ar gyfer nifer o ffilmiau poblogaidd y cyfnod. Un ohonyn nhw oedd *Blossom Time*, gyda Richard Tauber yn chwarae rhan y cyfansoddwr Franz Schubert, ffilm Brydeinig orau 1934 ym marn darllenwyr y cylchgrawn *Film Weekly*. Fe welodd Sam Jones, un o arloeswyr darlledu yng Nghymru, y ffilm, ac fe lwyddodd i berswadio Idris Lewis i adael byd y ffilmiau yn Llundain ac ymuno â'r BBC yng Nghymru fel cyfarwyddwr cerdd. Roedd y ddau wedi cydweithio efo'i gilydd ddwy flynedd ynghynt pan berfformiwyd bugeilgerdd Ceiriog, 'Alun Mabon', ar y radio am y tro cyntaf, a'r gerddoriaeth wedi ei llunio gan Idris ar gais Sam.

Y penillion enwocaf yn 'Alun Mabon' ydi'r rhai sy'n sôn am y bugail ifanc yn canu cân i geisio cael yr eneth lân yn ôl i'r gadair siglo ger y tân ar fynydd Aberdyfi. Ac fe fyddai clywed y gân hon ar y radio yn denu miloedd o bobl ledled Cymru at set radio i gael eu hanfon i lesmair gan David Lloyd yn cyflwyno *Melys Lais*, ac Idris Lewis yn cynhyrchu. Roedd y ddau wedi cyfarfod yn 1936, pan oedd David yng Nghaerdydd yn aelod o bedwarawd o'r Guildhall oedd yn cael clyweliad yn y BBC o dan oruchwyliaeth Idris. Ar ôl gwrando ar y myfyrwyr, aeth Idris â David i stiwdio ar ei ben ei hun a gofyn iddo ganu tair cân. Fore trannoeth, arwyddodd David gytundeb gyda'r BBC, a bu'n canu iddyn nhw yn achlysurol dros y blynyddoedd cyn i *Melys Lais* ddechrau yn 1950. Ac eithrio'r perfformiadau cymharol brin hynny, dim ond pobl oedd wedi medru teithio i'w gyngherddau oedd wedi cael clywed y llais hudolus. Ond bellach, fe ddeuai David atyn nhw yn eu cartrefi, drwy gyfrwng y set radio. Mae'n werth nodi bod ychydig o amryfusedd ynglŷn â phwy gyfansoddodd alaw 'Bugail Aberdyfi', gan mai hon oedd arwyddgan *Melys Lais*. Yn ôl y traddodiad, fe gyfansoddwyd yr alaw i gyd-fynd â geiriau Ceiriog yn arbennig i Llew Llwyfo, flynyddoedd cyn i Idris Lewis gyfansoddi alaw i'r gân ar gais Sam Jones. Ond mewn erthygl i'r cylchgrawn *Y Casglwr*, dywed Huw Williams, yr hanesydd cerdd, ei fod yn cofio canu'r gân yn blentyn, ar alaw oedd wedi ei chyfansoddi gan Gomer Powell o Wrecsam, a swniai'n hynod debyg i'r alaw yr honnai Idris Lewis iddo ei chyfansoddi. A oedd Idris Lewis, felly, yn drwm dan ddylanwad ambell ddarn o fiwsig pan luniodd rai gosodiadau? Yn ôl Huw Williams, 'Nid oes angen craffter arbennig i sylwi ar debygrwydd rhwng unawd Idris Lewis i soprano neu denor dan y teitl 'Bugail Aberdyfi', a'r miwsig a luniodd Gomer Powell ar gyfer yr un geiriau tua deng mlynedd a thrigain yn flaenorol.' Cythraul canu!! A beth oedd ymateb Idris Lewis i'r honiad hwn? Bron na ellwch chi weld Idris yn cochi at ei glustiau wrth ateb:

With regards to 'Bugail Aberdyfi', in the early days, I had put this tune down as an old Welsh air, having forgotten the circumstances under which it was composed. Before publishing the song, however, I made extensive research and to my surprise, found that it was an original tune for which I had written the lyric.

Oedd, mae'n siŵr ei bod hi'n dipyn o syrpreis i bawb!

Yn wreiddiol, doedd dim cyflwyniad piano i'r gân, ac fe achosodd hyn gryn broblem i David mewn cyngerdd ychydig flynyddoedd yn ddiweddarach yn ôl ei nai, Don Lloyd. Roedd ei ewythr yn canu mewn cyngerdd yn Neuadd y Brangwyn, Abertawe, ac yn aros yng nghefn y neuadd enfawr mewn stafell ymhell o'r llwyfan. Bwriad y gontralto oedd canu encôr fyddai'n arwydd i David gerdded yn araf a phwyllog i gyfeiriad y llwyfan. Yn ddirybudd, agorodd drysau'r stafell a daeth y gontralto i mewn gan weiddi, 'You're on!' wrth David. 'But you haven't sung your encore,' meddai David. 'No,' meddai hithau, 'and I have no intention of doing so either. It's simple. I don't like them and they don't like me. I'm not going back – so get on with it.' Rhuthrodd David heibio i'r gontralto flin a'i g'leuo hi am y llwyfan. Cyrhaeddodd allan o wynt. Dringodd i'r llwyfan, camu at y piano, sefyll yn ei chesail a phwyso arni er mwyn cael ei wynt ato. Ond yn anffodus i David, gan nad oedd 'na gyflwyniad piano i'r gân, doedd dim cyfle iddo gael ei anadl yn ôl. Bu'n rhaid iddo geisio gwneud hynny rhwng penillion. Fore trannoeth, rhoddodd ganiad i Idris Lewis ar y ffôn.

'Idris bach, mi fuodd dy gân di bron â fy lladd i neithiwr.'

'Wel, wir. Beth ddigwyddodd?'

Fe esboniodd David y cyfan gan ychwanegu, 'Wyt ti'n meddwl y medri di gyfansoddi cyflwyniad byr ar y piano rhag ofn i'r un peth ddigwydd eto cyn i mi ddechrau canu?'

Fe gytunodd Idris Lewis, a dyna'r cyflwyniad sy'n cael ei ddefnyddio hyd heddiw.

Pennod 6

R oedd David yn hen law ar gystadlu mewn eisteddfodau lleol
er pan oedd yn ifanc iawn. Roedd hi'n ysgol brofiad wych
i rywun a fyddai'n perfformio o flaen cynulleidfaoedd tai opera
yn 26 oed, i sefyll ar lwyfan yn wyth oed a gweld môr o wynebau
disgwylgar o'i flaen, a llwyddo i ganu'n hyderus. Roedd cystadlu
yn ei waed, ac ennill yn ail natur iddo, ac eto, er iddo ganu droeon
yng nghyngherddau'r Eisteddfod Genedlaethol, a beirniadu yno
fwy nag unwaith hefyd, wnaeth o erioed gystadlu ynddi. Hyd yn
oed ar ôl ennill yr unawd tenor yn 21 oed yn Licswm, chafodd
cynulleidfa'r Genedlaethol mo'r pleser o glywed y 'melys lais'
mewn cystadleuaeth i denoriaid. Yn ôl Don Lloyd, tra oedd David
yn fyfyriwr yn y Guildhall, gofynnodd am ganiatâd i gystadlu yn
y Genedlaethol, ond amau doethineb hynny a wnaeth Landon
Ronald. 'You have won every award this school can offer you,
including the gold medal. You are on the threshold of a very
successful professional career. I don't want you to risk your
reputation at the whim of an adjudicator in an amateur festival in
Wales,' meddai.

Roedd panel o feirniaid yn gwrando ar gystadlaethau
cerddorol pwysig y Genedlaethol, ac yn eu plith roedd beirniaid
o Loegr. Dywedir bod y beirniaid Cymreig yn ffafrio canu
emosiynol, cryf a dramatig, ond mai canu cynnil oedd yn apelio
at y beirniaid o Loegr. Gallasai anghytuno rhwng y ddwy garfan
ar ôl clywed perfformiad David olygu na fyddai o'n ennill.

Teimlai Landon Ronald mai dyletswydd y Coleg oedd gwarchod ei lestr prin, gan ei fod ar drothwy gyrfa operatig lwyddiannus ym marn y beirniaid cerddorol uchel eu parch a'i clywodd yn canu. Ers y dyddiau hynny pan oedd o'n gystadleuydd brwd ac yn enillydd cyson mewn eisteddfodau yn ei ardal enedigol, doedd David erioed wedi colli. Daeth yn gyntaf bob tro, mewn dau gant o eisteddfodau. Byddai wedi adlewyrchu'n wael ar y Guildhall petai un o'i fyfyrwyr disgleiriaf yn cael ail neu drydedd wobr, a hynny oherwydd mympwy beirniaid.

Flwyddyn cyn iddo orffen yn y coleg, aeth David i Eisteddfod Genedlaethol Machynlleth 1937 i ganu fel unawdydd yn un o'r cyngherddau. Hon oedd yr Eisteddfod Genedlaethol gyntaf i David ymweld â hi, ac yn ôl Alan Llwyd yn ei lyfr *Y Gaer Fechan Olaf*, Eisteddfod Machynlleth oedd un o'r ddwy brifwyl bwysicaf yn hanes yr Eisteddfod. Eisteddfod Caerffili 1950 oedd y llall, lle gweithredwyd y rheol Gymraeg yn swyddogol am y tro cyntaf.

Cynhaliwyd yr eisteddfod ar dir Charles Stewart Henry Vane-Tempest Stewart, neu'r Arglwydd Londonderry, gan fod ganddo blasty a gerddi eang ar gyrion Machynlleth. Cydnabuwyd ei haelioni gan y Pwyllgor Gwaith drwy ei wahodd i lywyddu cyngerdd nos Lun yr Eisteddfod. Protestiodd nifer o feirniaid yr Eisteddfod yn erbyn y penderfyniad oherwydd mai Saesneg y byddai'r Arglwydd yn ei siarad. Ond yr oedd yna hefyd reswm dyfnach yn sail i'w gwrthwynebiad. Arglwydd Londonderry oedd Llywydd y Weinyddiaeth Awyr ar y pryd, ac felly fo oedd yn anuniongyrchol gyfrifol am garcharu Saunders Lewis, Lewis Valentine a D. J. Williams yn gynharach yn y flwyddyn am wneud difrod i adeiladau'r Ysgol Fomio ym Mhenyberth. Fe fu protest y beirniaid yn llwyddiannus, a phenderfynodd yr Arglwydd Londonderry mai doeth fyddai iddo beidio â cheisio llywyddu yn y cyngerdd. Ddwy noson yn ddiweddarach, roedd pethau'n danllyd iawn ym Machynlleth pan losgwyd pwerdy trydan y dref i'r llawr. Ac roedd hi'n amlwg fod y *Western Mail* yn cysylltu'r digwyddiad â llosgi'r Ysgol Fomio: 'The destruction by fire of the local power station was immediately associated in the popular imagination with the recent political outrages of a small group of Nationalists.'

Golygai'r ddamwain yn y pwerdy fod yr eisteddfod mewn perygl, yn enwedig y dramâu a'r cyngherddau nos. Ond llwyddwyd i achub y sefyllfa drwy ddefnyddio peiriant cynhyrchu trydan preifat. A phwy oedd y cymwynaswr a achubodd y sefyllfa? Neb llai na'r Arglwydd Londonderry. Oedd, roedd Eisteddfod Machynlleth yn gofiadwy am sawl rheswm. Gwelwyd merched y ddawns flodau am y tro cyntaf, ac fe sefydlwyd cystadleuaeth newydd sbon y Fedal Ryddiaith, a enillwyd gan J. O. Williams. Yn ystod seremoni'r Cadeirio, gorymdeithiodd yr Orsedd drwy'r pafiliwn i sain 'Rhyfelgyrch gŵyr Harlech' yn hytrach na 'See the conquering hero comes,' sef ymdeithgan Lloyd George. Ac onid hon oedd yr unig eisteddfod erioed i ganiatáu i garcharor yn Wormwood Scrubs gael beirniadu cystadleuaeth y stori fer, gyda sêl bendith yr Ysgrifennydd Cartref? D. J. Williams oedd y carcharor hwnnw, a phan anfonodd ei feirniadaeth yn ôl, roedd wedi cuddio llythyr yn ei feirniadaeth, yn ddiarwybod i'r awdurdodau, yn dymuno llwyddiant i'r eisteddfod ar ran ei ddau gydgarcharor, Saunders Lewis a Lewis Valentine. Fe dderbyniodd y neges honno groeso cynnes iawn gan y dorf. Flynyddoedd yn ddiweddarach, byddai D. J. yn cyfrannu at Dysteb Genedlaethol y canwr, a sefydlwyd gan ei gyfaill mawr Huw T. Edwards pan oedd pethau'n ddrwg ar David yn ariannol.

Am y tro cyntaf yn ei hanes, fe ddarlledwyd seremoni agoriadol yr Eisteddfod Genedlaethol ar y radio am ddeg o'r gloch y bore, a llais Llywydd y Dydd, yr Arglwydd Davies o Landinam, i'w glywed yn glir yng nghefn y pafiliwn oherwydd fod 'na ddwywaith y nifer arferol o gyrn siarad ar y llwyfan, yn ogystal ag organ electronig na welwyd mohono erioed o'r blaen. Ac roedd gan y Llywydd air o ganmoliaeth i'r rhai a fu'n brysur yn sicrhau y byddai hon yn un o'r eisteddfodau mwyaf cofiadwy yn hanes yr Ŵyl: 'Llongyfarchiadau i'r trefnwyr am lwyddo i ddarparu pabell helaeth, sgwâr, lle dylai canu neu lefaru o'r llwyfan fod yn rhwydd i'r rhai ar y cyrion, ac yn ddistraen pan leferir yn eglur yn llinell y meicroffon.'

Doedd na neb gwell na David Lloyd am lefaru a chanu'n eglur 'yn llinell y meicroffon', ond fe fu'n rhaid iddo fo aros tan ddiwedd yr wythnos cyn diddanu'r dorf. Llwyddodd yr eisteddfod i ddenu un o brif arweinyddion y byd cerddorol ar y pryd, Syr Adrian Boult, i lwyfan y brifwyl i arwain Cerddorfa Symffoni Llundain. Roedd Syr Adrian yn un am siarad yn blaen, felly pan glywyd stŵr a chyffro yn y pafiliwn wrth i rai o'r eisteddfodwyr gyrraedd yn hwyr, trodd Boult ei gefn ar y gerddorfa, wynebu'r gynulleidfa a'i cheryddu am fod mor anghwrtais, gan anelu ei sylwadau megis bwledi geiriol i gyfeiriad y sŵn: 'Some of you have spoilt the beautiful music by Mendelssohn, being sung by renowned singers on the world stage. So I'm going to ask them to sing again.'

Roedd yr arweinydd wedi ei gynddeiriogi, ac roedd y gynulleidfa yn cytuno â'i sylwadau, ac i sŵn eu cymeradwyaeth, cafodd Isobel Baillie, Harold Williams a Megan Thomas 'bob chwarae teg a gwrandawiad teilwng', yn ôl sylwebydd yn *Y Faner*.

Chyrhaeddodd neb yn hwyr ar gyfer y cadeirio ar y dydd Iau, ac roedd miloedd o bobl wedi tyrru i'r pafiliwn, nid yn unig i weld pwy fyddai'n cael ei gadeirio, ond i glywed Lloyd George, Llywydd Anrhydeddus yr Ŵyl, yn areithio cyn y seremoni am y tro cyntaf yn hanes yr eisteddfod.

Bu 'dydd Iau Lloyd George' yn uchafbwynt i lawer ers degawdau, ond roedd arwyddocâd arbennig iddo'r flwyddyn hon. Er na weithredwyd y Rheol Gymraeg tan Eisteddfod Genedlaethol Caerffili 1950, yn Eisteddfod Machynlleth y sefydlwyd yr egwyddor, a Lloyd George oedd Cadeirydd y pwyllgor a sefydlodd Gyngor newydd, effeithiol, yn ogystal â deddfu mai yn Gymraeg yn unig y dylid cynnal holl weithgareddau'r Ŵyl yn y dyfodol. Roedd y cyn-Brif Weinidog wedi cefnogi'r eisteddfod i'r carn fyth ers ei ymweliad cyntaf yn 1890. Gweithiodd yn ddiwyd dros y degawdau i gyflwyno drama, celf a chrefft a'r Gymanfa Ganu fel rhan o'i gweithgareddau diwylliannol, ac ar ddiwedd y Rhyfel Byd Cyntaf, brwydrodd dros wneud seremoni y Cymry ar Wasgar yn rhan ganolog o'r dathlu. Ond Cymreigeiddio'r Brifwyl oedd ei nod pwysicaf, a mawr oedd ei falchder ym Machynlleth o gyhoeddi y byddai'r rheol Gymraeg yn cael ei gweithredu maes o law. 'Mae rhai yn dweud bod y Gymraeg ar farw, ond does neb yn fyw heddiw, mwy na fi, a fydd yn dilyn elor y Gymraeg i'w thranc,' cyhoeddodd o'r llwyfan. Yn dilyn ei araith, fe gadeiriwyd T. Rowland Hughes, oedd yn gynhyrchydd gyda'r BBC ym Mangor ar y pryd, am ei awdl, 'Y Ffin'.

Nos Wener oedd noson fawr David Lloyd. Ar ôl iddo dderbyn gwahoddiad i fod yn un o'r unawdwyr, roedd yr Eisteddfod wedi ysgrifennu ato eto a gofyn iddo ystyried ei ffi, ac nid oherwydd ei bod yn rhy uchel, chwaith. 'Er mwyn popeth, anfonwch air eto. Mae y tâl y gofynnwch amdano yn rhy isel o lawer, a bydd rhai yn meddwl nad ydych yn ganwr.'

Awgrymodd Idris Lewis yn garedig wrth y pwyllgor cerdd y dylent wrando ar David yn canu ar raglen radio ychydig wythnosau cyn yr Eisteddfod os oeddynt yn amau a oedd yn ganwr ai peidio. Fe wnaethant hynny, a chadarnhau'r gwahoddiad. Yn ôl beirniad *Y Faner*, cawsai David Lloyd ac Owen Bryngwyn 'hwyl anarferol' yn y cyngerdd nos Wener. 'Canodd David Lloyd gydag ireidd-der ac argyhoeddiad, ac yn sicr y mae yn un o'r cantorion gorau sy'n dod dros y gorwel.'

Efallai ei bod hi'n arwyddocaol mai un o'r pethau cyntaf a wnaeth David ar ôl yr Eisteddfod oedd trefnu bod asiant yn trafod arian ar ei ran o hynny ymlaen. Awgrymodd Walter Hyde, ei athro llais, mai at Ibbs and Tillett y dylai fynd. Fel un o asiantaethau gorau Prydain, nhw oedd yn cynrychioli Rachmaninov, Kathleen Ferrier, Vladimir Ashkenazy, Andrés Segovia a Clara Butt ymhlith eraill, ac fe anfonodd Hyde lythyr o gymeradwyaeth atynt ar ran David: 'I have no hesitation in saying that any work entrusted to David Lloyd will be more than safe. Endowed with a voice of rare beauty, he has a rare gift for interpretation.' Roedd sylwadau yn cael eu nodi yn yr *Auditioning Books* am bawb oedd yn cael clyweliad gydag Ibbs and Tillett. Beth, felly, a ysgrifennwyd yn y llyfr am David Lloyd? 'A really excellent voice, pure and telling quality, good diction, delivery and deportment. Should have a splendid career.'

Ar 3 Medi 1939, cyhoeddwyd fod Hitler wedi ymosod ar Wlad Pwyl, a bod Prydain a'r Almaen yn mynd i ryfel. Roedd gyrfa operatig addawol David Lloyd ar ben, bron cyn iddi gychwyn. Ond heb yn wybod i neb, gan gynnwys y canwr ei hun, roedd cyfnod cerddorol arall ar gychwyn, cyfnod a fyddai o fewn ychydig flynyddoedd yn dyrchafu David Lloyd i fod yn eilun y genedl.

Pennod 7

Daeth arhosiad David Lloyd yn y Guildhall i ben yn 1938, a gadawodd wedi cael llwyddiant ysgubol. Ni ellir gorbwysleisio pa mor anhygoel oedd yr hyn a gyflawnodd, o gofio nad oedd yn medru darllen cerddoriaeth, ac mai prin iawn oedd ei Saesneg pan aeth i'r Guildhall bedair blynedd ynghynt. Yn rhifyn y flwyddyn ganlynol o gylchgrawn y coleg, *The Guildhall Student*, canodd y Prifathro ei glodydd i'r cymylau, gan gyfeirio at ei gyfnod gyda chwmni opera Glyndebourne yn perfformio rhan Macduff yn yr opera *Macbeth* gan Verdi ac yntau'n dal yn fyfyriwr yn y coleg, ac yn tynnu sylw at y ffaith ei fod yn mynd i berfformio *Requiem* Verdi yn Copenhagen. Mewn erthygl arall yn y cylchgrawn, fe gyfeirir at lwyddiannau David unwaith yn rhagor, gan ychwanegu y byddai'n ailadrodd ei berfformiad o'r *Requiem* yn fuan yn Stockholm. O fewn ychydig fisoedd o adael y coleg, roedd David yn canu ar lwyfan rhyngwladol. Ond mae un cymal yn yr erthygl olaf hon yn peri dryswch:

> One thing I am sure David Lloyd will admit is that the road has been hard, and many hopes have been dashed since the time when he first had to make a decision to relinquish his former occupation and to follow music as a career. The result has proved that the confidence in himself, his will to work hard and to succeed, coupled with the educational advantage and facilities he found waiting at the Guildhall, have fully justified the step he took.

Ni ellir amau yr hyn a ddywedir am ymroddiad David, ei awydd i lwyddo drwy weithio'n galed, a'i hyder yn ei allu i wireddu ei amcanion – yn y blynyddoedd cynnar, beth bynnag. Ond mae dweud 'the road has been hard, and many hopes have been dashed', yn gor-ramanteiddio sefyllfa David cyn iddo gael ei dderbyn i'r coleg. Do, mi gollodd ei rieni pan oedd yn ifanc, ac roedd y cyfrifoldeb o ofalu am ei chwiorydd yn pwyso'n drwm arno. Yn hynny o beth, fe fu'r ffordd yn galed. Ond yn gerddorol, ni wyddai David beth oedd methiant. Roedd yn gyfarwydd â buddugoliaeth. Cawsai gyfleoedd i ddatblygu ei ddawn gerddorol mewn nifer o wahanol gorau ac o dan law W. Matthews Williams. Mae'n gamarweiniol i awgrymu bod unrhyw obeithion wedi eu chwalu ar ôl iddo adael ei waith fel prentis saer coed, gan nad oedd David wedi rhoi ei fryd ar fod yn ganwr proffesiynol eto. Eraill a ddymunodd hynny ar ei ran ar y dechrau. Gellid dweud, felly, fod y gorliwio yma yn rhagflaenu'r straeon niferus a ysgrifennwyd am David yn ystod ei yrfa, yn chwedl ac yn realiti, ac y bu'n rhaid iddo ymrafael â nhw yn gyson.

Un o'r enghreifftiau gorau o'r 'chwedlau' ydi'r honiad fod David Lloyd wedi cael cytundeb i ganu gyda Chwmni Opera'r Metropolitan yn Efrog Newydd yn 1939 ar ddechrau'r Ail Ryfel Byd. Gwnaethpwyd nifer o ffilmiau a rhaglenni radio am yrfa a bywyd David Lloyd dros y blynyddoedd, ac ym mhob un ohonynt, mae rhywun yn siŵr o gyfeirio at David Lloyd a'r Opera Metropolitan. Dyma ddywedodd ei ffrind agos a'r cymwynaswr eisteddfodol Towyn Roberts: 'Dwi'n ei gofio fo'n deud wrtha i – "Dwi'n mynd i'r Met a dwi'n mynd i La Scala".' Cyfeiriodd ffrind arall iddo, oedd yn filwr yn y Gwarchodlu Cymreig yr un pryd ag o, at y 'ffaith' fod gan David ddau gytundeb yn ei boced, y naill oddi wrth y Met a'r llall gan gwmni opera La Scala ym Milan. Felly, mi es i ati i chwilio drwy holl bapurau David Lloyd yn y Llyfrgell Genedlaethol am y cytundebau, neu o leiaf am dystiolaeth fod y Met a La Scala wedi cynnig cytundebau iddo. Ac yn wir, mae yno ddau lythyr sy'n crybwll enw Cwmni Opera'r Met, a'r ddau wedi eu hanfon at David gan ddyn sy'n arwyddo'r llythyr efo'r enw E. Seman. Fo oedd cynrychiolydd Ewropeaidd y Met ym Mharis. Dyma gynnwys y llythyr cyntaf:

Organisation Artistique Internationale
Paris, 1939

Dear Mr Lloyd,
I read with great interest the beautiful criticism about you in the English papers, and I would like to contact you. Would you be kind enough to send me your repertoire? I had in mind to come to Glyndebourne with my directors of the Met, but political circumstances are against me.

E. Seman

Mae'n amlwg fod Mr Seman yn chwilio am dalent ifanc, cyffrous ar ran y Met yn Ewrop, yn yn un modd ag y gwnaethai John Williams Rhos ar ran Coleg y Guildhall.

Does 'na ddim copi yn y casgliad o ateb David Lloyd, ond o ddarllen llythyr nesaf Seman, mae'n amlwg fod David wedi dweud wrtho nad oedd ganddo ddiddordeb mewn unrhyw ran ond Don Ottavio, a'i fod yn canu oratorio a gwaith cyngerdd. A barnu o ymateb Seman, mae hunanhyder David Lloyd wedi ei synnu: 'You say you are only interested in the role of Don Ottavio. You must understand it is out of the question for the management of the Met to engage an artist having only one operatic role in his repertoire. I would like to arrange a concert appearance for you, but you must understand that it takes time to pave the way for you in the United States.'

Yn ôl Rhidian Griffiths, mae'r llythyr yn awgrymu bod David wedi gofyn iddo drefnu cyngherddau iddo. A ellid casglu, felly, nad ym myd opera roedd calon David, er gwaethaf llwyddiant Glyndebourne, a'i fod am wneud gyrfa iddo'i hun fel unawdydd yn hytrach na fel aelod o gwmni opera? Anfonais gopïau o lythyrau Seman at archifydd presennol Opera'r Met, John Penino. Dyma'i ateb:

It is possible he was under discussion but nothing was firmed up, and there is nothing on file. The Don Ottavios at the Met during that period were Richard Crooks, Tito Schipa, and Charles Kullman. If Lloyd didn't have any other roles he wanted to sing, that too would have been a factor. Quite realistically, they didn't need him for Ottavio.

Felly dyna chwalu un chwedl – ni chafodd David Lloyd gynnig gan y Met, heb sôn am gytundeb. Beth am La Scala, Milan? Archifydd y cwmni byd-enwog hwnnw yw Andrea Vitalini. 'After an accurate check in our archives, I can confirm that there are no records of contracts to sing, nor invitations made by Teatro alla Scala, to David Lloyd,' meddai wrthyf.

Yn ei lyfryn gwerthfawr *Llais a Hudodd Genedl*, a gyhoeddwyd ar gyfer Eisteddfod Genedlaethol Cymru Rhyl a'r Cyffiniau 1985, dywed Huw Williams: 'Oni bai fod y rhyfel wedi drysu ei gynlluniau, byddai rhai o'r arweinyddion tramor enwog a wyddai am ei ddawn brin fel dehonglwr Verdi a Mozart wedi gwneud yn siŵr ei fod yn cael ei wahodd i ganu yn La Scala, Milan, ac yn nhŷ Opera y Metropolitan yn Efrog Newydd cyn diwedd 1941.' Dyfalu ydi hyn ar ran Huw Williams. Gellid dweud bod posibilrwydd cryf y byddai David Lloyd wedi canu yn y Metropolitan ac yn La Scala. Ond does dim tystiolaeth i brofi y byddai 'arweinyddion tramor wedi gwneud yn siŵr ei fod yn cael ei wahodd' i ganu yn y tai opera enwocaf yn y byd. Yr unig dystiolaeth sy'n bodoli ydi na chafodd wahoddiadau o'r fath.

Mi fentrwn i awgrymu mai'r hyn ddigwyddodd oedd bod David Lloyd wedi crybwyll wrth ffrindiau fod cynrychiolydd y Met wedi anfon llythyr ato. O gael ei sibrwd o glust i glust, fe newidiodd un gair ymhen amser o 'lythyr' i 'gytundeb'. Mor syml â hynny. Yna, flynyddoedd ar ôl iddo farw, pan oedd cyfoedion David yn cael eu holi mewn cyfweliadau ar gyfer rhaglenni dogfen amdano, ailadroddwyd yr honiad di-sail, ac ychwanegu at statws David Lloyd fel eilun y genedl. Dros y blynyddoedd, mae diwylliant poblogaidd wedi creu hanes wrth greu arwyr. Ac yn aml iawn, mae 'na fwy o apêl i'r hanes ffug hwnnw nag i'r gwirionedd.

Heb os, mi ddaeth David Lloyd yn arwr i'w genedl, ac ymhen amser, am wahanol resymau, dyrchafwyd ef yn gymeriad chwedlonol, ac mae'r chwedloniaeth a'i hamgylchynodd yn rhan annatod o'i stori hyd heddiw. Mae'r hyn a ddywed Dafydd Iwan am David Lloyd yn *Pobol*, ei lyfr am y bobl ddiddorol a dylanwadol a gyfarfu yn ystod ei yrfa, yn berffaith wir: 'Wrth i'r blynyddoedd fynd heibio, ac wrth i minnau ddysgu mwy am y canwr o Drelogan, roedd popeth a glywn fel petai'n ychwanegu at ei swyngyfaredd … Roedd digon o ddeunydd yma i beri bod ymestyn hael ar y ffeithiau, wrth gwrs.'

Yn ystod sgyrsiau hir a difyr efo Don Lloyd, mi gadarnhaodd o fwy nag unwaith ei fod yn dyst i'r boen a'r gwewyr oedd yn meddiannu David pan fyddai'n aros ar ochr y llwyfan cyn camu ymlaen i berfformio. Roedd hynny'n nodwedd amlwg yn ei gymeriad. Pryderus cyn canu. Hyderus wrth wneud.

Daeth ymestyniad arall ar y ffeithiau gan Ceinwen Rowlands, fel y gwelsom yn gynharach, pan ddywedodd fod David wedi cael rhan Macduff yn *Macbeth* ar lwyfan Glyndebourne heb glyweliad o gwbl. Ond y gwir amdani yw bod David wedi dweud mewn llythyr ei fod yn cofio 'crynu fel deilen' cyn iddo ganu i Fritz Busch, un o sylfaenwyr cwmni opera Glyndebourne, mewn ymgais i ennill y rhan. Bu Busch yn gyfarwyddwr cerdd Opera Stuttgart am bedair blynedd, ac roedd o'n cael ei gydnabod fel arweinydd a phianydd galluog hefyd. Bu David yn hel atgofion am ei gyfnod yn Glyndebourne mewn rhaglen radio, ac yn cofio pa mor uchel oedd safonau Busch:

> Roedd yn drwyadl iawn. Byddai'n dweud wrtha i: 'Wnest ti ddim canu'n dda iawn neithiwr, David. Tyrd i fy ngweld i yn y bora, fe awn ni drwy'r aria efo'n gilydd. Dro arall byddai'n dweud, 'Da iawn neithiwr, ond mae gen ti ymarfer yn y bora efo hyffordwr Eidalaidd. Cerddoriaeth ar dudalen chwech, bariau wyth a naw. Fe wnest ti ganu *dotted crotchet* yn lle dau *crotchet*. Felly, tair awr o ymarfer, o ddeg tan un.

Gwyddai Busch o'r diwrnod y clywodd David yn canu am y tro cyntaf fod ganddo drysor yn ei feddiant, a thalent yr oedd angen ei meithrin yn ofalus. Ef fyddai'r nesaf yn yr olyniaeth o gerddorion a oedd wedi mentora David ers y dyddiau cynnar. Roedd yn gweld David Lloyd fel ei *protégé*. Gyda'i gysylltiadau rhyngwladol fel prif arweinydd gwadd Symffoni Genedlaethol Denmarc, byddai Busch yn ehangu gorwelion cerddorol David ac yn ei gyflwyno i gynulleidfa Ewropeaidd.

Pennod 8

Yn 1934 y clywyd lleisiau operatig yn Glyndebourne am y tro cyntaf, pan berfformiwyd dwy o operâu Mozart, *Le Nozze di Figaro* a *Così fan Tutte*, o dan arweiniad Fritz Busch. Roedd y wasg yn hael eu canmoliaeth:

> Mae Glyndebourne yn cynnig y gorau o safbwynt perfformiadau a chynyrchiadau operatig – cystal â Salzburg a hyd yn oed Bayreuth. Ceir yn Glyndebourne y goleuadau diweddaraf o'r Almaen, yn cael eu defnyddio am y tro cyntaf, a pheiriannau sy'n gallu creu effaith o gymylau yn hedfan ar draws yr awyr.

John Christie, tirfeddiannwr cyfoethog oedd yn ymylu ar fod yn ecsentrig, a gafodd y syniad o adeiladu tŷ opera wrth ymyl y plasty ar ei stad rhwng Glynde a Ringmere yn Sussex. Yn 1931 fe briododd John gantores enwog o Ganada o'r enw Audrey Mildmay, a thair blynedd yn ddiweddarach, roedd y tŷ opera ar ei draed.

Mewn ffilm archif ddu a gwyn o'r 1930au a saethwyd yn Glyndebourne, mae diwrnod yn ei hanes yn cael ei gywasgu i ychydig funudau. Mae'n fore, ac yn y caeau o gwmpas y stad a'r gerddi o flaen y plasty Tuduraidd sy'n llawn blodau, mae defaid Southdown a gwartheg Ffrisiaid du a gwyn yn chwipio'r chwiws efo'u cynffonau ac yn pori'n dawel. Ar wahân i fref ambell ddafad, does dim yn tarfu ar y tawelwch. Ond yna mae'r camera'n mynd â ni i mewn i'r tŷ opera ac i ganol sŵn y paratoi. Mae criw o weithwyr prysur yn llifio, yn hoelio, yn paentio ac yn adeiladu setiau, a'r trydanwyr uwch eu pennau ar ysgolion sigledig yn gosod y goleuadau. I mewn â ni i'r stafell fwyta, lle mae'r byrddau hir a'r cadeiriau'n cael eu paratoi ar gyfer y cinio fydd yn cael ei weini yn ystod yr egwyl. Y tu allan i'r tŷ, mae faniau'n llawn bwyd a gwin, posteri, rhaglenni a blodau'n cyrraedd, ac i ganol yr holl brysurdeb daw John Christie. Mae'n gwisgo *Lederhosen* a phâr o *plimsolls* hollol anaddas am ei draed. Tuedda i ddweud wrth bawb beth i'w wneud, ond yn y pen draw mae'n gwneud popeth ei hun.

Erbyn pedwar o'r gloch mae'r ceir yn dechrau cyrraedd – Bentley du, Humber Super Snipe arian â lledr y tu mewn, Jaguar Mark IV a Jensen S-type. Mae'r dynion yn eu siwtiau pigfain, crysau gwyn, gwyn a'u coleri startsh yn camu o seddau blaen y ceir. Daw'r merched yn ofalus o'r cefn, yn eu gwisgoedd taffeta neu *chiffon*, siaced fach ffwr am eu hysgwyddau tenau a sodlau uchel, main. Daw rhai ar y trên o Lundain, yn cynnwys nifer o feirniaid cerdd o'r *The Times*, *The New Statesman* a *The Musical Times*. Yma a thraw, gwelir yr aelodau hynny o'r cyhoedd oedd yn gallu fforddio talu deg a chwech am sedd dosbarth cyntaf, a oedd yn cynnwys cinio. Yn brydlon am saith o'r gloch, yn unol â'r traddodiad, fe genir y ffanffer o falconi'r plasty yn arwydd i'r gynulleidfa o ddau gant fynd i mewn i'r theatr, drwy'r ystafell ymarfer a heibio i ystafelloedd newid yr artistiaid. Ac yntau'n gwisgo'i golur ac yn newid i'w wisg, byddai David Lloyd wedi clywed sŵn yr esgidiau ar y lloriau pren a mân siarad a chwerthin y gynulleidfa wrth iddynt fynd heibio. Diau y byddai'n nerfus tu hwnt wrth iddo baratoi i ganu yn Glyndebourne am y tro cyntaf yn nhymor y gwanwyn 1938. Roedd hon yn noson fawr yn ei hanes – dechrau ei fywyd fel canwr opera proffesiynol. Bu'r holl gystadlu eisteddfodol, y canu corawl, cefnogaeth John Williams, gwersi

W. Matthews Williams, hyfforddiant Walter Hyde a ffydd Fritz Busch ynddo i gyd yn baratoad ar gyfer y noson hon.

Yn ôl yr hanesydd cerdd Huw Williams, mi ddywedodd David fod y profiad o ganu yn Glyndebourne yn debyg i brofiad Daniel yn cael ei luchio i ffau'r llewod. Roedd ei gymhariaeth yn agos i'w lle. Un nodyn sigledig, un gair Eidalaidd yn cael ei gamynganu, a byddai'r beirniaid a'r adolygwyr yn ei larpio'n ddidrugaredd. Cydnabyddid bod cynulleidfaoedd Glyndebourne yn bobl ddeallus a oedd yn hyddysg yn y traddodiad operatig. Disgwylient y safonau uchaf posibl gan eu hunawdwyr, a byddent yn fwy na pharod i ddangos eu hanfodlonrwydd a'u hanniddigrwydd os nad oedd y perfformiadau'n cyrraedd safon eu disgwyliadau. Ond roedd un o aelodau'r gynulleidfa y noson honno yn ffyddiog y byddai perfformiad David yn taro deuddeg, fel y dengys y llythyr a anfonodd ato i ddymuno'n dda iddo ar y noson agoriadol bwysig hon:

You have nothing to worry about. There is not a bar in the whole work that you cannot get away with. You know the work. So keep fit. Keep your heart light and all will be well. I thought it might be some help if you were reminded that there is at least one person in the world who will be thinking of you and wishing you well, confident in your ability to succeed and that person is ...
Ever yours
Walter Hyde

Mae'n amhosibl sôn am ddyddiau cynnar Glyndebourne heb grybwyll enw Carl Ebert, a fu yno o'r dechrau fel cynhyrchydd. Fe gyfarfu Busch ac yntau am y tro cyntaf pan oedd Ebert yn gyfarwyddwr Tŷ Opera Berlin, ac yn chwilio am ffyrdd mwy cyfoes o gynhyrchu operâu. Pum wythnos ar ôl i Hitler ddod i rym yn 1933, yn ystod perfformiad o *Rigoletto*, ac i sŵn Natsïaid yn gweiddi am ei waed, cafwyd gwared â Busch o'i swydd gyda Chwmni Opera Dresden. Ac er i Ebert gael cynnig swydd newydd gan Hermann Göring fel rheolwr tai opera Berlin, fe wrthododd, gan ddewis troi'n alltud yn hytrach na gweithio i'r Natsïaid. Aeth i fyw i'r Swistir cyn ailsefydlu ei berthynas â Busch yn Glyndebourne. Roedd y ddau yn gymeriadau cryf, digyfaddawd a phenderfynol, a'r ddau yn credu bod y naill yn gwybod yn well na'r llall sut y dylid cyflwyno gwaith Verdi. Byddai Ebert yn edrych ar y cynhyrchiad o safbwynt drama Shakespeare a Busch o safbwynt cerddoriaeth Verdi. Yn draddodiadol mae *Macbeth* yn cael ei chyfrif yn ddrama anlwcus. Ac yn wir, o'r cychwyn cyntaf cafwyd problemau gyda'r cynhyrchiad, a gyda Lady Macbeth yn fwyaf arbennig.

Dri mis ar ôl iddi dderbyn y rhan, anfonodd y gantores a ddewiswyd i chwarae Lady Macbeth neges at Busch yn dweud ei bod hi wedi penderfynu bod y rhan yn rhy anodd iddi, ac felly ni allai ymwneud â'r cynhyrchiad. Anfonwyd cynnig at y soprano nesaf ar y rhestr, sef Iva Pacetti, soprano o'r Eidal oedd yn canu'n aml gyda Gigli yn nhŷ opera La Scala, Milan. Dewis da. Deg diwrnod cyn y noson agoriadol, aeth yn sâl. Ddim yn ddewis cystal â hynny. Felly rhoddwyd y rhan i gantores osgeiddig o Iwgoslavia, Vera Schwartz, partner cerddorol y tenor Richard Tauber. Canmolwyd ei dehongliad o'r rhan yn gyffredinol, ond cyfeiriwyd at y ffaith fod ei llais yn swnio'n flinedig, nad yw'n syndod o gofio ei bod wedi gorfod dysgu'r rhan mewn llai nag wythnos.

Fe fu dadlau hefyd rhwng Busch ac Ebert ynglŷn â dewis David Lloyd i ganu rhan Macduff. Er bod Ebert yn fodlon cydnabod bod llais arbennig gan David, doedd o ddim yn credu ei fod yn fawr o actor. Ond roedd Busch yn gryf o'r farn fod ei ddawn fel canwr yn bwysicach na'i allu i actio:

Roedd Verdi'n hoff iawn o'r aria yn yr act olaf sy'n cael ei chanu gan Macduff. Mae hi'n aria a recordiodd Caruso ei hun ar gyfer y gramoffon. Felly mae'n bwysig ein bod yn talu cryn sylw i'r aria yma ac yn dewis y canwr iawn i'w chanu, a David Lloyd ydi'r canwr hwnnw.

Felly y bu, ac fe brofodd David Lloyd fod penderfyniad Busch i'w gefnogi i'r carn wedi talu ar ei ganfed. Ar ôl clywed bod Macbeth wedi lladd ei wraig a'i blant, mae Macduff yn penderfynu ffoi, ond yna yn y bedwaredd act, mae'n dychwelyd i ddial ar Macbeth, ac mae'n canu, 'Ah, la paterna mano' (Ah, y llaw dadol), ei unig aria yn yr opera.

Ar y noson agoriadol, er gwaethaf presenoldeb y gwybodusion operatig a'r beirniaid cerddorol anodd eu plesio, fe lwyddodd David i drechu ei nerfusrwydd a chyflwyno perfformiad cofiadwy o 'Ah, la paterna mano', a chamu allan o ffau'r llewod yn ddianaf gyda chlod a chanmoliaeth uchel. Y beirniad llymaf ar y pryd oedd Richard Capell o'r *Telegraph*. Ond roedd yntau'n hael ei ganmoliaeth ar ôl gweld perfformiad David.

The *Macbeth* performance revealed a talent of rare and delightful quality in David Lloyd's singing of Macduff. This young Welshman is a born Verdian tenor, and the aria in the fourth act sung with charming ease and mastery, announces what should be a happy career.

Roedd Busch yn awyddus i weld David yn ehangu ei orwelion cerddorol ac yn datblygu fel canwr o fri Ewropeaidd, ac i'r perwyl hwnnw, fe drefnodd fod David yn canu rhan y prif denor yng Ngŵyl Mozart ym Mrwsel ac yna'n ymweld â Gŵyl Verdi yn Copenhagen. Er bod ei asiantaeth yn llwyddo i gael gwaith iddo fel unawdydd mewn cyngherddau ledled Prydain, byddai teithio i'r cyfandir i ganu yn brofiad newydd iddo, ac mae'n amlwg yn ôl llythyr a anfonodd at drefnydd y daith i Copenhagen ei fod yn achos pryder iddo.

I have not been abroad before – it is very strange. Only a fortnight ago I saw a 15-minute film about Copenhagen. Do you I think I shall need a bike? I have decided to cancel all my engagements in Wales and will leave London on Nov. 2. I am inundated with work these days and find it difficult to fit everything in. I shall know the Verdi *Requiem* thoroughly by Nov. 10. Will you be kind and book me a room at the Phoenix Hotel?

Er bod yr ymweliad â Copenhagen yn brofiad annymunol mewn rhai ffyrdd – 'Roeddwn yn swp sâl,' meddai David mewn llythyr at ei chwiorydd – mae'n amlwg ei fod wedi mwynhau'r profiad o ymarfer *Requiem* Verdi gyda'r côr, ac yn ôl llythyr arall o'r Phoenix Hotel, roedd yn edrych ymlaen yn hyderus at berfformio'r *Requiem* ar y radio:

I think it will be a magnificent performance. The choir is the nearest thing to perfection I have heard. Do you know that I am doing it from memory? It will be a great feather in my cap if I sing well on Thursday. Press have taken photos of me at the hotel. I suppose the paper will be full of this tomorrow. Try and hear the broadcast. Jack Garreg Lwyd has a good set.

Gŵr o Drelawnyd oedd Jack Garreg Lwyd, ac yn ei gartref o roedd y set radio orau yn y cylch. Nid oedd radio ym mhob cartref ar y pryd, felly tyrrai cymdogion i dai'r bobl lwcus oedd yn berchen ar un, yn enwedig os oedd o safon. Y noson hanesyddol honno, aeth llais David Lloyd i lawr y gwifrau o'r States Radioforen yn Copenhagen i gartrefi drwy Ewrop, yn canu offeren Verdi i'r meirwon, a hynny ar ei gof. Roedd hon yn gamp na chyflawnwyd na chynt na chwedyn, a champ hefyd a gyflawnwyd, yn ôl David, yn hollol ddianghenraid:

Bryn Siriol, cartref David Lloyd a'r teulu, Berthengam

Cartref
DAVID LLOYD
1912 – 1969
Tenor

Yn ei ganu b'un gennad,
Swn ei lais a swynai wlad.
G·R·T

Elizabeth, mam David Lloyd

David Lloyd yn fachgen bach

Rhai o blant
Bryn Siriol

Ysgol Gynradd Trelogan, drws nesaf i Fryn Siriol. B. S. Fidler oedd y prifathro a ddysgodd y sol-ffa i David

Y piano roedd David yn ymarfer arno gartref

David a chriw o'i gyd-weithwyr. Mae David yn ei fresys yn ffrâm y ffenest

David Lloyd yn ddyn ifanc

Y dyn ifanc yn aeddfedu

Yn y flwyddyn y
graddiodd David o'r
Guildhall School of
Music, 1938

Fel Macduff yn *Macbeth*, Glyndebourne, 1938

Canu rhan Don Ottavio yn *Don Giovanni*, Glyndebourne, 1939. O'r chwith: Arnold Matters, Molly de Gunst, David Lloyd a Joan Cross

David Lloyd yn ei lifrai yn ystod ei gyfnod yn y Gwarchodlu Cymreig

Joan Cross fel
Pamina a David
Lloyd fel Tamino,
Y Ffliwt Hud,
Sadler's Wells,
1940

Lluniau
cyhoeddusrwydd,
1944 ac 1946

Meseia Handel, Gŵyl y Drenewydd, Mai 1946 (mae David ar y chwith)

Cyngerdd yn Nhrelawnyd, Ebrill 1950

Canu *Requiem* Verdi yn yr Iseldiroedd gyda Gré Brouwenstijn (soprano), Arnold van Mill (bas) ac Elsa Cavelti (contralto), Ionawr 1951

Yn Aberdyfi, sef siop y teulu, Ffynnongroyw, Gorffennaf 1957

Idris Griffiths, ei gyd-feirniad, a Gwyn Jones, enillydd y gystadleuaeth bariton, Eisteddfod Genedlaethol Caernarfon 1959

Darlledu yn 1960

David Lloyd ym mro ei febyd

Dychwelyd i'r llwyfan am y tro cyntaf ers chwe blynedd yn Llangollen, 1960, gyda'i gyfeilyddes Maimie Noel Jones

Yn derbyn tysteb gan Dr Huw T. Edwards, 1960

Noson cyflwyno'r dysteb. O'r chwith:
Dr Huw T. Edwards, David Lloyd,
Emlyn Williams a Rhydwen Williams

Ymlacio gyda'i gi bach, Rusty

David gyda rai o'i edmygwyr

Llun cyhoeddusrwydd
o'r daith i America, 1961

Gyda Miss Margaret Griffiths, Utica, 1961

Canu yn y Welsh Women's House, Scranton, Pennsylvania, 1961

Gyda grŵp o ferched Cymreig yn America, 1961

Paned gyda Mrs Daisey Heaton, Llywydd Cymdeithas Dewi Sant, Toronto, 1961

Rhannu jôc gyda Nathan Phillips, Maer Toronto, 1961

Ar ôl cyngerdd yn Toronto, 1961

Y teulu Lloyd mewn priodas yn 1963. Y rhes flaen (o'r chwith): Harriet, Amy (y chwaer hynaf), Mona. Y rhes gefn (o'r chwith): Tommy (y brawd hynaf), William (tad Don Lloyd), David a Lily

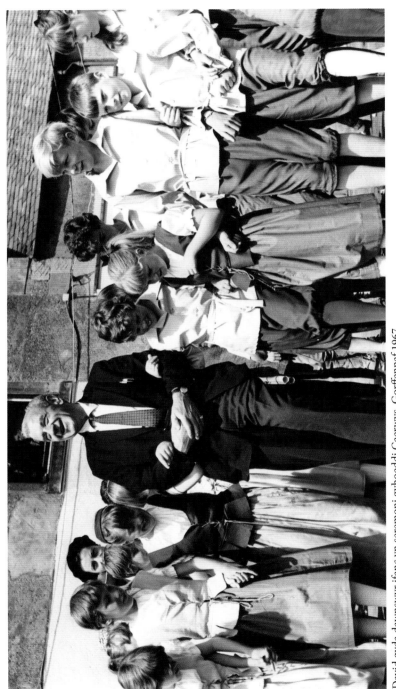

David gyda dawnswyr ifanc yn seremoni gyhoeddi Caerwys, Gorffennaf 1967

David gyda Sassie Rees

Yr ewythr a'r nai – David a Don

Pan ges i'r gwahoddiad i ganu'r Verdi *Requiem* yn Copenhagen, dywedodd Fritz Busch y byddai'n rhaid i mi ganu heb gopi. Doedd cantorion tramor ddim yn perfformio efo copi, dim ond yn y rihyrsal. Felly fe ddysgais y *Requiem* ar fy nghof. Yn ôl Busch, byddwn yn cyrraedd wyth diwrnod cyn y darllediad ac yn ymarfer tair awr y dydd. Pan gyrhaeddais Copenhagen yn teimlo'n swp sâl, fe ofynnodd Busch i mi lle'r oedd y copi, ac fe esboniais innau nad oeddwn angen copi, gan fy mod wedi dysgu'r holl waith ar fy nghof. A dyna pryd y cyfaddefodd Busch mai tynnu fy nghoes oedd o – nid oedd rhaid i mi fod wedi ei ddysgu, a gallwn fynd â chopi i mewn gyda mi. Ond wnes i ddim, ac fe genais y cyfan o'r cof.

O Copenhagen, aeth David draw i Sweden ar fyr rybudd i ganu mewn cyngerdd yno, oherwydd fod Jussi Björling, tenor enwoca'r byd ar y pryd, yn wael. Dychwelodd David o'i daith Ewropeaidd wedi creu cyn argraff ar gynulleidfaoedd Denmarc a Sweden, ac fe gychwynnodd ymarfer ei rannau ar gyfer y cynyrchiadau nesaf yn Glyndebourne a Sadler's Wells, sef Don Ottavio yn *Don Giovanni* a Tamino yn *Y Ffliwt Hud* gan Mozart. Ac yng nghanol ei brysurdeb, nid anghofiodd ei addewid i bobl Dinbych i ganu yn y Capel Mawr ar noswyl Nadolig, ac mewn cyngerdd yn ddiweddarach i gasglu arian tuag at Glwb Pêl-droed Ffynnongroyw. Yn ôl Don Lloyd, ei nai:

Roedd hyn yn nodweddiadol ohono fo. Er iddo fo ganu efo'r goreuon tu allan i Gymru, a fynta'n ifanc iawn, doedd ei ben o byth yn y cymylau, ac roedd ei draed wastad ar y ddaear. Mi fasa fo'n rhoi yr un ymdrech i ganu 'Cân y bugail' yng Nghapel Mawr ag y basa fo i ganu aria Macduff yn Glyndebourne, neu 'Il mio tesoro' yn Sadler's Wells.

'An Ottavio in a thousand' oedd barn y *Musical Record* am ei berfformiad yn *Don Giovanni*, ac fe gymharwyd ei lais ag un Richard Tauber gan yr *Illustrated London News*. Noson ar ôl noson ar ôl iddo ganu, er nad oedd hi'n arferol i wneud hynny, byddai'r gynulleidfa yn Glyndebourne yn cymeradwyo'n uchel, a hyd yn oed yn gweiddi ei enw mewn ymateb i'w berfformiad. Er bod llais David Lloyd yn cael ei ganmol i'r cymylau, roedd rhai beirniaid cerddorol yn amheus o'i allu fel actor, fel yr oedd Carl Ebert. Ond yn yr achos hwn, camp David Lloyd, yn ôl y *New Statesman*, oedd gwneud Don Ottavio yn gymeriad eithaf hoffus am unwaith, yn hytrach na'i gyflwyno fel cymeriad difywyd ac anniddorol fel yr arferid ei wneud. Pan ysgrifennodd Mozart *Don Giovanni* yn wreiddiol, dim ond un aria oedd gan Don Ottavio, sef 'Il mio tesoro' (Fy anwylyd i). Cafwyd y perfformiad cyntaf yn Prague yn 1787 a'r ail yn Vienna flwyddyn yn ddiweddarach, a'r tenor Francesco Morello yn canu rhan Don Ottavio. Doedd Signor Morello ddim yn hapus efo'r aria o gwbl oherwydd nad oedd o'n teimlo ei bod hi'n addas i'w lais. Mewn gwirionedd, doedd 'na ddim digon o ystod yn llais Morello i ganiatáu iddo ganu'r nodau uchel yn yr aria. Felly aeth Mozart ati i gyfansoddi aria oedd o fewn cyrraedd cyfyng Morello, sef 'Dalla sua pace' (Ar ei hedd). Fe ddisodlwyd 'Il mio tesoro' tan ddechrau'r ugeinfed ganrif, pan ailgyflwynwyd hi. Oherwydd ei berfformiadau fel Don Ottavio a Tamino, gwahoddwyd David Lloyd i recordio dwy aria ar ddisg i gyfeiliant Cerddorfa Sadler's Wells. Yn ôl Spike Hughes, beirniad uchel ei barch yn y byd recordio, yn sgwennu yn y cylchgrawn *Gramophone*, hwn oedd 'the best recording ever'.

Roedd Walter Hyde, athro llais David, yn hapus iawn efo'i ddatblygiad fel canwr hefyd, a chadwodd mewn cysylltiad ar ôl i David adael y Guildhall yn 1938:

1939, June 10.

Congratulations on the big success you had in the *Don*.
Every paper has given you a glowing report and vastly
encouraging notices. Was Busch satisfied? The ultimate
responsibility of your appearance, successful or otherwise,
would be upon his shoulders, and he would be very anxious.
Please let him know how much I appreciate his interest in
your career. Magnificent, David.

1939, June 25.

You have achieved much, wonders in fact, but I know that
you can achieve even greater things. You were nervous and
I love you for it. Even so, the 'Dalla sua pace' was beautiful,
though a little more authority and perhaps a finer line
would have enhanced the effect. I was not too sure of one
of the top G's on the '*morte*'. 'Il mio tesoro' was a notable
venture, but I shall always feel it would gain if taken at a
slightly steadier pace – just a thought, so that the run can
be moulded on firmer lines.

Your recitatives were wholly admirable. I think taking
the evening as a whole, your Ottavio was as good as I have
seen. Certainly streets ahead of my performances. I was
vastly struck by the improvement in your acting.

Ond ar ôl ei ganmol i'r cymylau, roedd ganddo hefyd air o gyngor
i'r canwr ifanc:

Just one point I must touch upon. When you first see the
murdered body, a quick half-turn from the body with a
shuddering right hand would mark the horror you should
register with, of course, distress in the eyes. I wonder if you
can recall asking me what you could do during the long aria

and I replied 'Nothing!'? Never leave her with your eyes. It seems you did remember, because that is exactly what you did, and it was tremendously compelling. If you play the role for the next twenty years, do not alter that one little bit. These are not meant as criticisms, but just suggestions. Splendid lad!

Flynyddoedd yn ddiweddarach, yn ystod rhaglen lle'r oedd yn sôn am ei brofiadau fel canwr proffesiynol yn Glyndebourne a Sadler's Wells, manteisiodd David ar y cyfle i roi ambell bwt o gyngor i rai o gantorion ifanc Cymru a oedd yn gwrando:

Mae myfyrwyr yn treulio oriau yn copïo steil canu Gigli neu Caruso neu rhyw ganwr arall o dramor. Peidiwch â chopïo neb, ond byddwch yn chi eich hun. Yn ystod ymarfer, defnyddiwch eich llais yn llawn. Os dowch chi drwy'r ymarfer, fe ddowch drwy'r cyngherddau, ac os na fydd y llais yn dal yn ystod *performance*, yna byddwch yn gwybod nad yw eich ffordd chi o gynhyrchu'r llais yn gywir.

Mae cerddoriaeth yn llifo drwy wythiennau pob Cymro ac mae'r llais Cymreig yn un arbennig. Pan oedd Fritz Busch yn anfon pobl o Glyndebourne i chwilio am gantorion dawnus i fod yn aelodau o'r corws, roedd y mwyafrif helaeth o'r rhai a recriwtiwyd yn Gymry.

Roedd hyn yn wir am gwmni opera Sadler's Wells hefyd. Yn wir, yn ôl yr hanes, roedd yna gynifer o Gymry yng nghorws Sadler's Wells nes eu bod yn ystyried newid enw'r cwmni o Sadler's Wells i Sadler's Welsh.

Pennod 9

Roedd galw cynyddol am glywed llais David Lloyd mewn cyngherddau drwy Brydain yn dilyn y sylw a gafodd am ei berfformiadau yn Glyndebourne a Sadler's Wells ym mhapurau Lloegr, ac ar ôl ei ymddangosiad cyntaf ar lwyfan yr Eisteddfod Genedlaethol ym Machynlleth. Felly, roedd angen iddo brynu siwt ddu efo côt gynffon bigfain ar gyfer achlysuron pwysig a neuaddau cyngerdd mawr, a siwt smart ar gyfer nosweithiau oedd ddim mor grand ac yn fwy cartrefol. Dyna pam yr aeth o i siop Harry Hall Ltd. ar Oxford Street yn Llundain. Cyhoeddai'r arwydd uwchben y siop nad teiliwr cyffredin mo Mr Hall, ond 'Costume Specialist', a oedd nid yn unig yn gwisgo cantorion o fri, ond hefyd yn medru cynnig dillad pwrpasol i'r gwŷr uchel eu tras o gefn gwlad oedd yn mwynhau 'Sporting and Hunting', a'u gwragedd oedd yn chwilio am 'Ladies' coats, leggings and breeches'. Yn ôl y dderbynneb, fe brynodd:

> Finest Quality Midnight Blue Dress Suit. £12.12.0
> Black herringbone Morning Suit. £5.15.0
> Fancy Vest £1.11.6
> Trousers. £1.11.6
> Braces. 3/6.

Cafodd y siwt las dywyll ei gweld yn theatr y Royal yn Leeds ddechrau Ionawr 1939 ac yn Eastbourne yr wythnos ganlynol, ond ar gyfer perfformiad o *Saint Paul*, oratorio Mendelssohn, yn Llangennech, dim ond y 'black herringbone morning suit' a wnâi'r tro. Erbyn iddo droi ei olygon i gyfeiriad Eisteddfod Dinbych y flwyddyn honno, byddai wedi derbyn dros bedwar ugain o wahoddiadau yn ymestyn o Ilford i Ferthyr, ac o'r Connaught Rooms yn Llundain i Gwmcarn. Byddai wedi canu cyfuniad o ganeuon serch, caneuon crefyddol a gwladgarol a chaneuon clasurol yn Gymraeg a Saesneg. A byddai 'Annabelle Lee', 'Hyder' a 'Lausanne' bob amser wrth law i godi noson a fyddai eisoes wedi cyrraedd hyd yr entrychion, a chynulleidfa a oedd wedi cael ei gwefreiddio ar fin mynd i lesmair. Yn ei lyfr *Gorwelion*, a gyhoeddwyd yn 1984, disgrifiodd Rhydwen Williams, a ddaeth yn ffrind agos i David Lloyd yn ei flynyddoedd olaf, yr effaith a gâi David Lloyd ar ei gynulleidfa.

Safai'n fain a thal a thywyll, pen o wallt du, llygaid byw, gwên o wyleiddra mawr yn goleuo'i wyneb, a'r nodau mwyaf hudolus yn dod o'i enau, nes i bawb deimlo na wybu'r llais dynol y fath berffeithrwydd erioed o'r blaen. David Lloyd oedd ei enw. Ymhyfrydodd fy nghenhedlaeth i yn ei ddawn a'i ddiddanwch pan oedd y bomiau'n disgyn a'r byd ar dân.

Fe 'ymhyfrydodd y gynulleidfa yn ei ddawn' yn Eisteddfod Genedlaethol Dinbych 1939. Canodd eiriau William Williams Pantycelyn, 'Disgyn Iesu o'th gynteddoedd' ar yr emyn-dôn 'Hyder'. Gofyn mae Pantycelyn yn y pennill cyntaf ar i Dduw weld y pechadur sydd yn gorwedd ar ymylon oer y bedd, a hynny fis yn unig cyn dechrau'r Ail Ryfel Byd. Gofynnodd gohebydd *Baner ac Amserau Cymru* ar ôl cyngerdd y Gymanfa, 'Pa hyd y pery'r eilunaddoliaeth ffôl yma yng Nghymru, sy'n torri ar draws y Gymanfa?' Ond nid cyfeirio at David yr oedd o, ond at y cyn-Brif Weinidog a gyrhaeddodd yn hwyr gyda'r dywysoges Alice o Athlone, wyres y frenhines Fictoria ar ei fraich. A bu'n rhaid i David George Lloyd a'r deng mil o eisteddfodwyr oedd yn y pafiliwn (yn ôl *Y Faner*) aros i David Lloyd George ac Alice eistedd cyn parhau i ganu. Roedd gohebydd cylchgrawn *Y Cerddor* yn uchel iawn ei glod i ddehongliad David o waith Mendelssohn, ac yn arbennig yr aria i'r tenor, 'A fydd y nos yn cilio?' cwestiwn perthnasol o gofio bod Prydain ar fin mynd i ryfel. Yn ôl y gohebydd, 'Cawsom ein cyfareddu gan lais David Lloyd yn ailadrodd y cwestiwn "Watchman, will the night soon pass?"'

Pryder am y rhyfel oedd thema araith Lloyd George ar y dydd Iau. Soniodd am y storm a oedd yn ysgubo drwy Ewrop: 'Mae'r Eisteddfod wedi goroesi un o'r cyfnodau mwyaf argyfyngus yn ei holl hanes, sef dirwasgiad y dauddegau a'r tridegau, a bu bron iddi fynd i'r gwellt ar fwy nag un achlysur. A fydd hi'n goroesi un o'r cyfnodau mwyaf argyfyngus yn holl hanes y ddynoliaeth?'

Efallai fod un colofnydd eisteddfodol wedi mynd dros ben llestri braidd wrth gymharu David â chantorion eraill o Gymru: 'Yn wahanol iddynt hwy, medr David Lloyd ganu yn Gymraeg heb gysgod llediaith ar ei dafod'. Prin fod David yn haeddu clod am hynny. Dim ond ers pum mlynedd yr oedd o yn Llundain, a phan adawodd Drelawnyd roedd yn uniaith Gymraeg i bob pwrpas, ac yn dychwelyd i'w fro enedigol yn aml.

Er na chafwyd cadeirio na choroni yn Ninbych, credai'r llenor Gwilym R. Jones mai hon oedd 'un o'r prifwyliau gorau y bûm ynddi'. Roedd yntau'n cofio David Lloyd yn canu 'nes ffoli pawb', nid o flaen cynulleidfa barchus y pafiliwn, ond yn hytrach 'mewn Noson Lawen mewn tafarn gyda Gwilym Deudraeth ac Isander yn cynganeddu fel slecs uwchben peintiau.'

O Ddinbych, dychwelodd David i Lundain ac i King Henry's Road, Hampstead, lle'r oedd yn lletya gyda Garda Hall, cantores ifanc o Dde Affrica a'i mam. Ar ôl cael gwersi canu yn ferch ifanc, llwyddodd Garda i gael lle yn yr Academi Frenhinol yn Llundain er ei bod hi, yn ôl ei hadroddiadau ysgol ddiwedd tymor, yn canu allan o diwn. Mae'n rhaid bod y broblem honno wedi cael ei datrys yn yr Academi, oherwydd mae adroddiadau ym mhapurau newydd De Affrica ar ôl iddi ddychwelyd adref ar ddiwedd ei gyrfa golegol yn dweud iddi gael derbyniad a fyddai'n cymharu'n ffafriol â'r croeso a gafodd y Mab Afradlon. Roedd pob sedd yn y neuadd gyngerdd, oedd yn dal pymtheg cant o bobl, yn llawn a blodau'n disgyn yn gawodydd ar y llwyfan ar ôl iddi ganu – mewn tiwn, yn amlwg. Ond roedd Llundain yn galw unwaith eto, ac erbyn dechrau'r 1930au, roedd hi wedi ymgartrefu yno ac yn adnabyddus ledled Prydain fel unawdydd oratorio, ar lwyfan ac ar recordiadau HMV.

Yn ôl y sôn, fe gyfarfu hi a David tra oedd y ddau'n canu efo'i gilydd yn oratorio *Samson* gan Handel ym Mlaenafon, pan oedd David yn fyfyriwr yn y coleg yn 1934. Er i mi chwilio'n ddyfal, ni ddaeth tystiolaeth i'r fei i gadarnhau'r stori. Ond os oes 'na ansicrwydd am y ffordd y daeth ffawd â'r ddau at ei gilydd, does 'na ddim amheuaeth am y gwahaniaeth oedran rhyngddynt. Ganwyd Garda yn 1900, a David yn 1912. Er gwaethaf hyn fe ddyweddïodd y ddau ym mis Awst 1938, ac fe gafodd Garda gyfle i dreulio penwythnos yn Nhrelogan yn cyfarfod teulu David yn fuan wedyn. 'Merch fonheddig a dymunol iawn. Yn dyner ac yn ddel hefyd,' oedd disgrifiad Don Lloyd ohoni.

Llongyfarchwyd David yn fawr gan un o bapurau newydd De Affrica, y *Cape Argus*, ar ei lwyddiant yn Glyndebourne, ac atgoffwyd y darllenwyr y byddai'r tenor i'w glywed ymhen y mis ar radio De Rhodesia yn canu ei hoff ganeuon. Yn ôl yr adroddiad yn y papur, doedd priodi ddim yn golygu y byddai Garda yn rhoi'r gorau i ganu, ac roedd y ddau'n gobeithio y byddent yn cael cyfle i ganu gyda'i gilydd yn y dyfodol. Fe gawsant eu dymuniad o fewn ychydig fisoedd pan ymddangosodd y ddau yn y Stuart Hall yn Norwich. Yn addas iawn, ac yntau newydd ddyweddïo, fe ganodd David Lloyd aria Tamino o'r *Ffliwt Hud*, 'O loveliness beyond compare'.

Ond am wahanol resymau, neu wahanol ferched, fwy na thebyg, mae lle i gredu nad oedd ffyddloneb i'w ddarpar wraig yn un o rinweddau David. Ni chadwyd y llythyrau a anfonodd y naill at y llall yn ystod eu dyweddïad. Efallai y byddai'r rheiny wedi datgelu mwy o wybodaeth am natur y berthynas oedd rhyngddynt. Pam, er enghraifft, na phriododd y ddau? Un awgrym a wnaed oedd bod mam Garda wedi ei pherswadio i beidio, oherwydd iddi hithau gael perthynas stormus â'i gŵr o ganlyniad i'w orhoffter o o'r ddiod feddwol. A chan fod ei mam yn poeni bod David yntau'n mynd i'r un cyfeiriad yn ystod ei berthynas â Garda, doedd hi ddim yn awyddus i'w merch ei briodi, rhag ofn i hanes ei ailadrodd ei hunan.

Mae'r straeon am anffyddlondeb David yn ystod ei berthynas â Garda yn niferus iawn. Does dim sicrwydd o gwbl heb dystiolaeth, wrth gwrs, ynglŷn â faint o'r hanesion am anallu David i gadw at y llwybr cul sy'n wir. Ond ymhlith ei bapurau personol yn y Llyfrgell Genedlaethol, mae yna dystiolaeth. Chwe mis yn unig ar ôl i David ddyweddïo efo Garda, anfonodd May, merch o Allestree yn swydd Derby, lythyr cyfrinachol at David:

My husband objects to me writing to you … Your letters have arrived when he is on the spot, and he has passed them to me but never asked to see them. I can't tell you how much I have appreciated your letters, and I am glad I met you. I can still continue to be interested, and no-one can take that away. One thing I do ask of you, if there is a war, will you let me know what you do, please? I do thank you once again for writing to me, and I shall miss your letters. This is one of the hardest things I have ever had to do, perhaps because I am not interested in [other] people as I am in you. Do think kindly of me sometimes. I think of you every day. With best wishes for the future.

May Sutcliff

'I can still continue to be interested, and no-one can take that away.' Mae'r frawddeg honno'n mynegi teimladau degau o ferched a gafodd eu swyno gan felys lais y tenor golygus â'r tafod arian. Roedd un o'r merched hynny'n dod o Borthmadog, ac roedd yn teithio i Lundain yn aml i brynu defnydd ar gyfer ei siop ym Mhorthmadog yn ystod y rhyfel. Yno y cyfarfu David hi am y tro cyntaf, pan oedd o'n aelod o fand y Gwarchodlu Cymreig. Ei henw oedd Dilys, ac fe fu'n ffyddlon i David tan y diwedd.

Pennod 10

This morning, the British Ambassador in Berlin handed the German Government a final note stating that, unless we heard from them by 11 o'clock, that they were prepared at once to withdraw their troops from Poland, a state of war would exist between us.

Dyma oedd geiriau agoriadol araith y Prif Weinidog Neville Chamberlain ar y radio ar 3 Medi 1939. Flwyddyn yn gynharach, roedd David Lloyd wedi arwyddo cytundeb gyda chwmni opera Glyndebourne, ac wedi bod yn canu yn Ewrop cyn ymuno â chwmni opera Sadler's Wells. Ond roedd y cyhoeddiad ar y radio y bore hwnnw yn rhybudd iddo fod ei yrfa fel canwr opera ar fin dod i ben, ac yn wir, ar 8 Awst 1940, fe dderbyniodd lythyr yn gorchymyn iddo listio gyda'r fyddin yn Caterham fel aelod o'r Gwarchodlu Cymreig. Yn ôl William Douglas Hall, a ddaeth ar ei draws yno, roedd o'n amlwg yn 'poeni ac yn gofyn be fyddai'n dŵad ohono. Roedd o'n torri ei galon ac yn isel ei ysbryd.' Ar ôl bod draw i Caterham i'w weld, anfonodd Garda Hall lythyr at ei chwaer Mona yn Nhrelogan:

O! Mona it is terrible. I didn't show the darling what I felt, but I could have burst into tears when I saw him, all his hair is off – absolutely clipped – and in that awful uniform. He is so anxious about his polishing and getting his uniform up to standard. Unless he does, he won't be allowed out for three weeks. I have spoken to the Sergeant Major about his voice and how he must practice, and he said he wasn't going to allow him to shout 1, 2, 3, 4 as they do, and he wouldn't have to swim due to the sulphur chloride in the water. We have written a letter to Sir Adrian Boult and I posted it in the village. If we can't get him out of it, you must come down and see him for a weekend.

Aflwyddiannus fu ymgais Boult a chwmni opera Sadler's Wells i achub David Lloyd rhag gwasanaeth milwrol. Am y pum mlynedd nesaf roedd o'n Musician Lloyd 2737420 efo Band y Gwarchodlu Cymreig. Ond er iddo godi'r cornet at ei wefusau, ni chwythodd yr un nodyn, fel yr esbonia cynnwys llythyr a anfonwyd at David gan y Cyrnol Dudley Ward:

I congratulate you on your singing of difficult songs and also on your good fortune in possessing such a voice. I have never heard you before, and I am now very doubtful about allowing you to learn the cornet. Be careful. Don't you think a triangle or a drum would be better for you?

Yn y pen draw, mi benderfynodd y fyddin y byddai llais David Lloyd yn offeryn perffaith i godi ysbryd y Cymry drwy fynd â'r canwr o amgylch y wlad yn canu caneuon gwladgarol, a recordio'r caneuon hynny hefyd. Trefnwyd iddo recordio'r caneuon Cymraeg gyda band y Gwarchodlu yn Saesneg, Oherwydd sensoriaeth cyfnod y rhyfel, doedd David ddim yn cael canu unrhyw gân yn Gymraeg, nac anfon llythyrau adref yn ei famiaith heb iddynt gael eu hagor, eu darllen, ac unrhyw eiriau y bernid eu bod yn amheus neu'n fygythiad i ddiogelwch y deyrnas yn cael eu dileu ag inc du. Bedwar mis ar ôl iddo ymuno â'r Gwarchodlu Cymreig, fe drefnwyd iddo ymuno â'r band yn Neuadd Kingsway yn Llundain i recordio chwech o ganeuon i gwmni Columbia.

O gofio bod David yn poeni am bopeth ac yn berson nerfus ac ofergoelus, rhaid bod y daith i'r neuadd yn ei boeni'n fawr, yn enwedig gan fod awyrlu'r Almaen eisoes wedi gollwng eu bomiau ar y brifddinas ym mis Medi, ac wedi lladd dros bedwar cant o bobl. Fe ddigwyddodd y cyrch awyr arbennig hwnnw ar y noson cyn i David fynd draw i stiwdio EMI i recordio gyda'r cyfeilydd enwog Gerald Moore. Teitl y gân a recordiodd oedd 'Smiling through'.

Ar gyfer y sesiwn recordio gyda'r band ym mis Tachwedd, fe recordiodd 'All through the night' a'r geiriau 'Jesu, lover of my soul' ar yr emyn-dôn 'Aberystwyth', a phedair cân wladgarol – 'Men of Harlech', 'Jerusalem', 'England' a 'Land of my fathers'. Dyma ganeuon a fyddai'n cyffwrdd calonnau unrhyw gynulleidfa mewn cyfnod o ryfel, yn enwedig o'u clywed yn cael eu canu mor deimladwy ac ystyrlon gan lais tenor melfedaidd David Lloyd yn ei iwnifform. Roeddent yn ganeuon i gynhyrfu'r gwaed bob un â'u geiriau grymus, cenedlaetholgar. Mae llythyr personol Dudley Ward at David ar ôl clywed y recordiad o 'Aberystwyth' yn ategu hynny: 'You have made a first-rate job on the recording of "Men of Harlech" and "Aberystwyth". My company sang it after a particularly bloody engagement in the last war ... a most moving experience.'

Efallai byddai rhai pobl yn synnu bod David Lloyd wedi recordio anthem genedlaethol Cymru yn Saesneg, y canwr cyntaf i wneud hynny, mae'n debyg. Nid dewis David oedd hynny wrth gwrs, ond y sensor. O ystyried mai aelod o'r Gwarchodlu Cymreig oedd David, nid y Gwarchodlu Cymraeg, ac o gofio nad oedd pob aelod o'r Gwarchodlu yn Gymry beth bynnag, roedd y geiriau Saesneg 'Land of my fathers' yn rhoi cyfle i bob milwr yn ddiwahân ganu gydag arddeliad am y wlad yr oedden nhw wedi tyngu llw i farw drosti os oedd raid. Yn ôl un milwr o Gymru fu'n ysgrifennu am ei brofiad yn y cylchgrawn *Wales*:

What might seem on the surface to be about Wales was more complex than that. A sergeant recalled that during the war, recruits from outside Wales were still made to feel part of the Welsh Guards: 'They are Welsh Guardsmen, and once they joined us they were treated equally, the same as if they had been born and bred in Wales. They also learned that the family spirit is more binding in the Welsh Guards than in any other regiment ... I think it's just the way we are in Wales.

Bedwar diwrnod ar ôl i David orffen recordio, disgynnodd bomiau ar Balas Buckingham nid nepell o farics y Gwarchodlu Cymreig. Roedd erchyllterau'r rhyfel yn cyrraedd pob rhan o'r wlad, hyd yn oed ardal enedigol David yn Nhrelogan, lle cofnodwyd digwyddiad ym mis Rhagfyr 1940:

Two parachute mines landed in a field between two cottages, Maes y Gwynion and Gronant House, on the Trelogan/ Glanrafon road, leaving a big crater which cracked the road surface and completely blocked it with debris. The second dropped in a field known as Berth-y-bwl, 100 yards east of Trelogan crossroads and 400 yards south of the first crater, about 60 yards from Four Crosses cottage. There was damage to windows and roofs of two chapels, 28 houses, five farms, one shop and one public house.

Yn ogystal, ym Merthengam, lle'r oedd cartref David Lloyd, 'an incendiary bomb was dropped'.

Yn 1941 fe recordiodd David Lloyd ddeuawd gyda'r gantores o Awstralia, Joan Hammond, sef 'O soave fanciulla' (recordiwyd yn Saesneg fel 'Lovely maid in the moonlight') o *La Bohème* gan Puccini, i gyfeiliant Cerddorfa Dinas Birmingham. Ac yn ei hunangofiant, *A Voice, a Life*, mae Joan Hammond yn hel atgofion am ei phrofiadau yn y stiwdio:

> The entire procedure was of the utmost fascination. To realise that the music we were producing in the studio through microphones was being transmitted and cut into a wax disc seemed incredible. With the wax, the sound was cut into it as opposed to being transmitted onto it. I soon learned that the slightest studio noise, or a 'frog' in the voice would be recorded, and this meant starting all over again. We would have to wait for some time while the wax disc was changed. It was quite a business and that is why, on occasions, so little was done during a three-hour session.

Bu Ceinwen Rowlands, ffrind a chyd-berfformwraig David yn darlledu o stiwdios y BBC yn Llundain yn ystod y Blitz:

> Roedd y darllediadau yn fyw. Dim recordio ymlaen llaw. Felly weithiau, byddai'n rhaid i mi aros yn y BBC dros nos, a hynny ynghanol y Blitz. I'r pwrpas yma, roedd 'na fatras a dillad gwlau ar lawr y Concert Hall. Weithiau byddwn yn codi rhwng dau a phump y bore ar ôl y *sirens*, a fyddai fiw i ni adael yr adeilad nes i ni gael yr *All Clear*.

Byddai Ceinwen a David yn canu i'r milwyr yng nghyngherddau ENSA (Entertainments National Service Association) yn weddol gyson. Bu Gracie Fields, George Formby, Joyce Grenfell, Paul Scofield a Laurence Olivier i gyd yn perfformio o dan faner ENSA, ac yn ôl Ceinwen, roedd y gynulleidfa'n groesawgar iawn er bod y neuaddau'n fawr ac yn oer, a'r mwg o'r tân glo'n llenwi'r lle ac yn andwyol iawn i'r llais. Ar ôl cyngerdd, yn aml iawn, byddai'n rhaid dychwelyd adref i baratoi ar gyfer y cyngerdd nesaf, weithiau ar lawr tryc y fyddin. Nid oedd yn beth angyffredin iddynt gyrraedd Llundain yng nghanol cyrch awyr, a gorfod mynd lawr i'r Underground tan yr *all clear.*

Fore Sul 18 Mehefin 1944 fe ganwyd y seiren i rybuddio bod bomiau dibeilot V1 ar eu ffordd ar draws y Sianel i gyfeiriad Llundain. Y bore hwnnw, roedd aelodau o'r Gwarchodlu Cymreig a'u teuluoedd yn rhan o'r gynulleidfa yng nghapel y barics, lle byddai David yn mynd yn ddyddiol. Roedd milwyr o Ffrainc yno yn ogystal â phobl oedd yn byw yn lleol, Americanwyr a bechgyn a merched ifanc o Awstralia yn eu lifrai. Pwrpas y gwasanaeth oedd cofio brwydr Waterloo a diolch am y glaniad ar draethau Normandi rai diwrnodau ynghynt. Roedd y gwasanaeth newydd ddechrau pan glywodd y gynulleidfa sŵn hymian uchel yn dod yn nes ac yn nes ac yn cynyddu i fod yn sŵn rhuo yn yr awyr uwchben y capel – ac yna ennyd o dawelwch cyn i'r bom ddisgyn ar y to, gan ladd 121 o bobl ac anafu 141. Fe gymerodd ddyddiau i ryddhau'r cyrff o ganol y rwbel. Drwy ryw ryfedd wyrth, nid oedd David yn y gwasanaeth fel y byddai wedi arfer bod oherwydd cafodd ei ddal mewn traffig, a methu cyrraedd mewn pryd.

Roedd gan bob aelod o fand y Gwarchodlu Cymreig eu dyletswyddau, gan gynnwys FWDs – (*Fire-watching Duties*) gyda'r nos, sef cadw golwg o do adeilad uchel cyfagos a rhoi gwybod i'r frigad dân os oedd bom wedi disgyn a thân wedi cychwyn, a phobl angen eu hachub. Cyn un o ymweliadau Dilys â David yn Llundain, roedd David wedi anfon nodyn byr ati i ddweud wrthi am ddilyn y band oedd yn chwarae o flaen Palas Buckingham yn ôl i'r barics yn Wellington, a disgwyl amdano y tu allan. Roedd y ddau yn cyfarfod mor aml â phosibl, ac er bod David, fel y wenynen ddiarhebol, yn hoffi hedfan yn chwareus o flodyn i flodyn, nid perthynas arwynebol oedd ganddo fo â Dilys.

Yn wir, mae geiriau un o'r caneuon yr oedd cynulleidfaoedd drwy Gymru wrth eu bodd yn clywed David yn ei chanu yn ddisgrifiad perffaith o'r berthynas rhwng y ddau. Y gân oedd 'Annabelle Lee'.

Pennod 11

Gellid yn hawdd newid teitl y gân o 'Annabelle Lee' i 'Dilys o'r Port'.

> Ers llawer blwyddyn faith yn ôl, yn ymyl y môr a'i si,
> Roedd geneth annwyl iawn yn byw, yr hon oedd f'anwylyd i.
> Fy ngharu a chael ei charu'n ôl oedd ei hunig ymffrost hi.
> Yr oeddem ein dau yn blant y pryd hwn, yn hela'r cregyn
>   di-ri,
> Ond cariad cryfach na chariad ei hun oedd y cariad rhwng
>   hon a fi.

Dilys Heritage oedd enw llawn yr 'eneth annwyl iawn' a aeth draw at y barics yn Llundain i gyfarfod David pan oedd o newydd ymuno â'r Gwarchodlu Cymreig. Fe ddatblygodd y berthynas rhyngddynt yn gariad oedd yn 'gryfach na chariad ei hun', ac fe fu David yn ei chanlyn am chwarter canrif, yn ystod ei ddyweddïad hir efo Garda, ac am flynyddoedd ar ôl hynny.

Merch Paris House, Porthmadog, oedd Dilys. Yn ugain oed roedd hi'n astudio Ffrangeg yn Lerpwl, ond fel cynifer o ferched ifanc yn ystod y rhyfel, fe roddodd y gorau i yrfa academaidd, ac aeth adref i helpu ei rhieni yn y siop ym Mhorthmadog. Roedd ei mam yn cynllunio hetiau ar gyfer priodasau yn yr ardal, ac ar un o'i hymweliadau â Llundain i brynu defnydd y daru hi gyfarfod â David. Mewn sgwrs a gefais gyda Dilys yn ei chartref uwchlaw

Porthmadog, bu'n rhannu ei hatgofion am y canwr a gipiodd ei chalon yn llwyr:

Dwi'n ei gofio fo'n canu yn hen gapel Seilo, Caernarfon, pan ganodd o 'Sul y Blodau' yn y fan honno – geiriau Eifion Wyn i gerddoriaeth Owen Williams, Eglwysbach. Roedd o'n wefreiddiol, yn enwedig ar y diwedd pan mae o'n ailadrodd y gair 'Cwsg'. Mi greodd y fath awyrgylch na theimlais i gynt na chwedyn. Roedd y distawrwydd yn arswydus, fel tasa pawb wedi peidio anadlu. Mi fasach chi'n taeru fod hyd yn oed y cloc wedi stopio tician.

Mi fuon ni'n gariadon am dros ugain mlynedd … a beth nath fy nenu ato fo yn y cychwyn oedd ei lais, a wedyn, fel 'dan ni'n ddeud yn Port, gweld ei fod o'n dipyn o bishyn. Oedd gynno fo bersonoliaeth cry a digon o garisma … hogyn annwyl ofnadwy. Tasach chi'n ei gyfarfod o, fedrach chi ddim peidio'i licio fo. Roedd hi'n amser rhyfel a phetrol yn brin, ond roeddan ni'n mynd o gwmpas yn y car i Aberdaron a Chwm Pennant. Ond yr hoff le roeddan ni'n licio mynd oedd lan môr Morfa Bychan – Black Rock. Os oedd y tywydd yn ffafriol, mi fasan ni'n mynd i drochi, ond fedra fo ddim nofio am ei grogi!

Nesh i gyfarfod Garda Hall unwaith. Roedd hi'n dipyn go lew yn hŷn na fi, 'de. Nathon ni ddim siarad fawr iawn. Dwi'n cofio mynd lawr i Lundan i brynu defnydd i'r siop ac mi ges i'r neges honno i'w gyfarfod tu allan i'r Wellington Barracks. Ac mi wnes. Mi oedd o a Garda wedi dyweddïo am 12 mlynedd, ond wedyn mi ddaeth y dyweddïad i ben am ei fod o'n chwara o gwmpas gymaint, mae'n debyg. Fuodd hi'n sâl wedyn am dipyn, a chanodd hi 'run nodyn. Eto i gyd, mi oedd hi a David yn para'n ffrindia tan y diwadd.

Fe fu Dilys yn ddigon caredig nid yn unig i fy ngwadd i'w chartref ym Mhorthmadog am sgwrs, ond i roi nifer o'r llythyrau anfonwyd ati hi gan David Lloyd i mi i'w darllen hefyd. Euthum â hwy adref yn eiddgar, ac mae'n rhaid i mi gyfaddef fy mod yn disgwyl darllen llythyrau a oedd yn llawn gwybodaeth bersonol am garwriaeth hir Dilys a David. Ond cefais fy synnu bod gŵr a chanddo enw am fod yn ferchetwr heb ei ail yn llythyrwr mor barchus ac yn garwr mor gwrtais. Soniodd y diweddar Islwyn 'Gus' Jones ei fod wedi darllen nofel unwaith am garwriaeth 'oedd mor danbaid nes bod tudalennau'r llyfr yn cwrlo'. Ond dof iawn oedd cynnwys y llythyrau a dderbyniais i gan Dilys. Dychwelais y llythyrau, gan ddiolch iddi am adael i mi gael eu benthyg. Edrychodd arnaf am eiliad wrth i mi drosglwyddo'r bocs yn ôl i'w gofal, a meddai â gwên yn ei llygaid, 'Mae 'na fwy – ond chewch chi ddim gweld y rheiny.' Ai'r 'rheiny' oedd y llythyrau efo'r 'tudalennau'n cwrlo', tybed? Chewch chi, na minnau, fyth wybod.

Gyda'i onestrwydd arferol wrth sgwrsio am ei ewythr a'i fynych grwydriadau, dyma a ddywedodd Don Lloyd: 'Roedd merched yn taflu eu hunain ato fo a deud y gwir, ac mi oedd o wrth ei fodd. "He revelled in it," fel basa'r Sais yn ei ddeud. Doedd dim rhaid iddo fo edrych amdanyn nhw, mi oeddan nhw'n chwilio amdano fo.' Roedd ganddo ei ddilynwyr ymhlith yr ifanc yn ogystal â'r hen. Yng ngeiriau Rhydwen Williams yn ei gyfrol *Gorwelion*, 'Ymserchodd yr ifanc y pryd hwnnw yn y llanc o Drelogan, fel y mae y genhedlaeth bresennol yn gwirioni ar eu harwyr disco.'

Cytunai Huw Williams, yr hanesydd cerdd, â sylwadau Rhydwen, gan gydnabod mai anodd iawn oedd hi i Gymry'r 1980au dderbyn bod pobl ifanc a hen yn addoli'r tenor pan oedd o yn ei anterth:

Roedd o'n gymaint o atyniad, ac eilun hefyd, i werin gwlad ddeugain mlynedd yn ôl ag yw ambell seren o'r byd pop i rai o'r to ieuanc mewn rhannau o Loegr a'r Amerig heddiw, a'i ddylanwad yr un mor gyfareddol.

I bobl a fagwyd ar yr aelwyd gerddorol a ddaeth i Gymru ar ôl y rhyfel, mae'n anodd amgyffred y dylanwad mawr a gawsai David Lloyd ar ei gynulleidfa wrth ganu rhai o'r hen ffefrynnau a ysgrifennwyd gan Joseph Parry, William Davies, R. S. Hughes, John Henry a'u tebyg. A thasg anodd, onid amhosibl, yw ceisio disgrifio'r profiad o wrando ar David Lloyd yn canu'r emyn donau 'Hyder' neu 'Lausanne', a chyfleu'r un profiad yn union i'r sawl na chlywodd mohono'n canu.

Erbyn 1942, byddai David Lloyd yn creu'r fath gynnwrf yng Nghymru a thu hwnt fel na ellir ond disgrifio ymateb y dorf wedi iddo ganu fel cyflwr o 'bêr lesmair' neu *ecstasy*. Defnyddid geiriau crefyddol yn aml i geisio disgrifio dylanwad llais David Lloyd ar ei gynulleidfa – arallfydol, nefolaidd, ysbrydol, angylaidd, anghymarol, ac aeth un sylwebydd mor bell ag awgrymu na welwyd yng Nghymru y fath ymateb i unigolyn ers y ddeunawfed ganrif a'r diwygiad yng nghyfnod John Wesley, pan oedd ei ddilynwyr – y 'jympyrs' fel y'u gelwid – yn neidio i fyny ac i lawr yn gorfoleddu o gael bod yng nghwmni rhywun mor Feseianaidd ei apêl.

Awgrymodd Huw Williams fod David Lloyd wedi dweud wrtho nad oedd yn hapus o gwbl yn y fyddin. 'Mi wn,' meddai Huw, 'fod pob ffurf ar filitariaeth yn atgas ganddo.' Efallai fod hynny'n wir, ond mae 'na wên ar wyneb David Lloyd ar bosteri'r cyfnod, a'r geiriau 'Appearing by kind permission of Commanding Officer, HM Welsh Guards' ar waelod pob un. Os oedd band y Gwarchodlu Cymreig yn cyfeilio yn y cyngerdd, yna byddai'n cerdded i mewn yn ei ddillad *khaki* ac un dyn yn cerdded o'i flaen yn cario copïau o'r caneuon y byddai David yn eu canu, ac ar ôl eu gosod yn eu lle, byddai'n troi ar ei sawdl, gan adael y tenor ar ganol y llwyfan i'r gynulleidfa gael golwg iawn arno cyn iddo ddechrau canu. Yn ystod y 1940au bu'n canu ar y radio yng Nghymru a Lloegr, a chrwydrodd hyd a lled Prydain yn canu oratorio ac unawdau clasurol, operatig ac ysgafn mewn neuaddau mawr a bach. Mae mis Ebrill 1942 yn rhoi rhyw syniad o'r teithio diddiwedd a oedd, yn ôl Ceinwen Rowlands, 'yn fwrn ar David Lloyd'. Cychwynnodd ar ddydd Ffŵl Ebrill yng Nghaergrawnt. Ddeuddydd yn ddiweddarach roedd yn Cheltenham, ac o'r fan honno aeth i Ferthyr, yn ôl i Lundain ac yna i Lanelli ar 12 Ebrill. Erbyn diwedd y mis, roedd wedi teithio 'nôl a mlaen o Lundain i Gwm Ogwr, Abertawe, Leeswood, Treuddyn, Aberystwyth ac Aber-carn. Roedd rhai misoedd yn brysurach o lawer. Cwynodd mewn un llythyr ei fod yn gorfod dygymod ag 'overheated trains and underheated hotels'. A chyn teithio ar y trên, roedd yn rhaid teithio ar y tiwb. Cerdded i lawr y grisiau ac oglau chwys yn eich croesawu chi, yn codi o'r cyrff oedd wedi'u gwasgu ar y platfform. Ond o leiaf roeddech chi'n ddiogel rhag y bomiau o dan ddaear. Prin roedd yna ddigon o le i chi gamu oddi ar y trên heb sathru ar gefn rhywun oedd yn gorwedd wrth yr ymyl. Roedd nifer o ddeuluoedd wedi gweld eu tai yn cael eu dinistrio yn ystod y bomio, felly yr orsaf danddaearol oedd eu cartref dros dro. Daethai rhai â dillad gwely efo nhw a stof fechan i ferwi dŵr i wneud paned. Fel arfer, roedd y trên olaf am hanner nos, ac roeddent yn ailddechrau am bump y bore – pum awr o dawelwch yn unig i geisio cysgu.

Roedd y trenau adeg y rhyfel bob amser yn orlawn o filwyr – rhai ar eu ffordd adref am seibiant ac eraill yn dychwelyd i'w gwersyll neu'n symud i wersyll arall. Yn aml, byddai David yn gorfod sefyll o ddechrau'r daith hyd ei diwedd cyn cyrraedd neuadd gyngerdd i berfformio am dair awr, ac yna gael noson wael o gwsg mewn gwely oer. Drannoeth, byddai'n symud i leoliad y cyngerdd nesaf neu yn aml iawn, byddai'n dychwelyd i Lundain.

Disgrifiodd Joan Hammond un daith gofiadwy o Lundain i dde Cymru ar y trên gyda David yn *A Voice, a Life*:

We all arrived in the Valleys town by train and were met by the organiser with the greeting, 'I told them in London not to send us a band of croaky has-beens and they've taken my advice. Very good.' Concerts were very exhausting at times. The Welsh like the evening to go on interminably, and any concert finishing under three hours was a disappointment. Sometimes, for financial reasons, we would accept accommodation if it was offered. This meant having to sit with a family after a three-hour concert and join in the family discussion. One of the most amusing gestures of appreciation was the 'after-concert tribute' which came in the form of a box containing delectable scarcities caused by food rationing – butter, eggs, sugar, jam, ham, tinned meats, cheese and chocolate. Not to be opened until back in London.

Roedd David Lloyd yn derbyn bocsys tebyg gan ei chwiorydd a ffrindiau pan oedd o yn Llundain.

The hotels were very poorly equipped, especially in the Welsh mining towns. Rooms were drab and freezing, and within an hour of going to bed you'd wake up feeling wet and clammy. Switching on the light and looking under the bedclothes, you'd discover steam rising from your hot body and damp sheets. Nothing to do but to get out of bed, wear your clothes and lie on the bed counting the hours. Then get up at 5.30 and catch the first train down the valley to Cardiff to connect wth the London train. Catching pneumonia was quite a regular occurrence.

Tebyg iawn yw atgofion Syr Geraint Evans yn ei hunangofiant *A Knight at the Opera*. Mae o'n cofio mynd i dde-orllewin Cymru i gynnal cyngerdd efo David Lloyd. Cyrraedd y capel erbyn tri o'r gloch ar ddiwrnod oer, a'r capel yn oerach ei groeso. Dywedwyd wrth y ddau y byddai disgwyl iddynt ganu yn y galeri uchlaw'r pulpud ond fe wrthododd David, ac fe aeth yn ffrae rhyngddo fo a'r trefnydd, a Geraint yn ei gefnogi – o bell. David enillodd y dydd. Erbyn y nos, pan gyrhaeddodd rhyw saith cant o gynulleidfa, roedd y lle wedi cynhesu, ac yn ôl adroddiad Syr Geraint, erbyn i'r cyngerdd ddod i ben ar ôl pedair awr, roedd hi'n chwilboeth yn y capel. Ar ôl i'r gynulleidfa adael, ac i David a Geraint fynd draw i'r tŷ yng nghwmni'r teulu oedd yn cynnig stafell iddynt am y nos, roedd yn rhaid iddynt eistedd i gael pryd o fwyd, a hynny tra oeddent yn dal i wisgo'r tei bo a'r got bigfain. Yng ngeiriau Syr Geraint, 'It would not have been thought seemly for us to take our jackets off, but underneath we were soaking in perspiration.'

Ar ôl claddu'r wledd, fe ddaeth yn amser i'r ddau fynd i'r gwely mewn ystafell yn yr atig, lle'r oedd dau wely ond dim gwres. Yn y bore, roeddent ar eu traed erbyn hanner awr wedi pump, yn ceisio gwasgu dwy siwt oedd wedi'u rhewi'n gorn i'w bagiau er mwyn dal y trên cynnar o Abertawe yn ôl i Lundain a threulio noson mewn gwely cynnes cyn cychwyn ar y daith nesaf i ganu yn rhywle ym mherfeddion Lloegr.

Mewn rhaglen deledu flynyddoedd yn ddiweddarach, bu Syr Geraint yn hel atgofion am David Lloyd, a'r llais unigryw oedd ganddo:

Mae 'na ambell i lais, dim ond i chi ei glywed yn canu un nodyn neu ddau, rydych chi'n gwybod ar unwaith pwy sy'n canu, er enghraifft, Jussi Björling, Boris Christoff, Maria Callas neu Richard Tauber. Llais felly oedd gan David

Lloyd. Roedd 'na ansawdd arbennig i'w lais – rhywbeth na allai neb mo'i ddysgu iddo. Dwi ddim yn gor-ddweud wrth ei gynnwys yn yr un cwmni â'r bobl yma. Fues i, fel David, yn canu yn Glyndebourne, a ddoth Fritz Busch, un o enwau mawr y byd opera ata i a gofyn 'David Lloyd … is he still singing? Such a beautiful voice, a beautiful voice. Tell him I asked after him. One of the best voices I have ever heard.'

Pennod 12

Yn ôl un esboniad, nid gofyn a oes yna heddwch rhwng gwledydd y byd y mae'r Archdderwydd yn ystod seremonïau barddol yr Eisteddfod Genedlaethol. Gofyn y mae o, yn hytrach, a oes yna heddwch rhwng y beirdd a'r beirniaid, a rhwng y beirdd aflwyddiannus a'r beirdd sydd wedi ennill dwy brif wobr yr Ŵyl. Hyd yn oed os oes sail i'r esboniad yma, prin y byddai cynulleidfa Eisteddfod Aberteifi yn 1942 wedi teimlo'n gyfforddus wrth weiddi 'Heddwch!' mewn ymateb i gwestiwn blynyddol yr Archdderwydd. Roedd y wlad yng nghanol yr Ail Ryfel Byd, a chleddyf rhyfel allan o'r wain ers tair blynedd. Byddai'r rhai oedd wedi dod i'r Eisteddfod o gyfeiriad Henllan wedi cael eu hatgoffa, os oedd angen, fod y rhyfel yn cyrraedd pob cornel o Ewrop, gan gynnwys eu pentref bach nhw, lle'r oedd y gwaith o godi gwersyll i garcharorion rhyfel ar fin cael ei gwblhau. Ymhen y flwyddyn, byddai 1,200 o garcharorion rhyfel Eidalaidd yn aros yno tan ddiwedd y rhyfel, a charcharorion Almaenig yn cael eu martsio drwy'r pentref i'r gwersyll lle byddent yn aros tan 1947. Bu rhai o'r carcharorion hynny'n ddigon ffodus i gael croeso ar ffermydd gogledd Sir Gaerfyrddin, Sir Benfro a Cheredigion pan ddeuai'r rhyfel i ben.

Yn ôl gohebydd *Y Cymro*, roedd disgwyliadau mawr ar David Lloyd i gysuro a chynnal y gynulleidfa mewn cyfnod mor anodd. Fel hyn mae'n disgrifio'i ymddangosiad ar lwyfan y pafiliwn ar gyfer y cyngerdd:

Daeth bachgen ifanc talgryf i lwyfan yr Eisteddfod, wedi ei wisgo yn lifrai'r Gwarchodlu Cymreig, a chanodd nes gwefreiddio pob un Cymro. Ei enw yw David Lloyd, a gall ei lais tenor toddedig wneud cymaint dros werin Cymru â llais unrhyw wleidyddwr. Gallasai llais David Lloyd ac emynau a thonau adnabyddus Cymru godi diwygiad yn y wlad. Yn yr Eisteddfod Genedlaethol, dechreuwyd gorfoleddu dan ei oruchwyliaeth. A bu raid iddo ail-ganu 'Hyder' ar y geiriau 'Dyma Geidwad' wyth o weithiau.

Pan gyhoeddwyd yn ystod yr wythnos nad oedd neb yn deilwng o'r Gadair, dychwelodd David i'r llwyfan, yn gwisgo gwisg wen i guddio gwisg filwrol y Gwarchodlu Cymreig, a chanodd 'Mae 'nghyfeillion adre'n myned'. Yna fe ganodd 'Bugail Aberdyfi' a'r emyn-dôn 'Hyder' i bafiliwn llawn, a phawb ar eu traed yn cymeradwyo erbyn hynny. Ond doedd ymateb beirniad cerdd Y Faner, W. Albert Williams, ddim yn adlewyrchu brwdfrydedd y dorf. Yn wahanol i'r gynulleidfa, doedd Albert ddim wedi ei blesio o glywed cynifer o emynau yn cael eu canu:

Ofnaf iddo roi gormod o emynau inni yn Aberteifi, oherwydd ei hynawsedd a'i ddiymhongarwch nodweddiadol yn ildio i gymhellion pobl ansicrach eu chwaeth nag ef ei hun. Anhyfryd i mi oedd clywed David Lloyd yn canu 'Mae 'nghyfeillion adre'n myned' er cof am orseddogion ymadawedig, yn cynnwys Gwynfor ac Isander.

Rhydd i bawb ei farn, ond a barnu o ymateb y gynulleidfa y diwrnod hwnnw, roedd W. Albert Williams mewn lleiafrif o un!

Erbyn canol y 1940au, roedd David Lloyd yn teithio'n barhaol o un neuadd lawn i un arall, a phan gafodd wahoddiad i fynd i Bort Talbot i gadw cyngerdd, roedd yn fwy na hapus i dderbyn, gan y byddai'n ailgysylltu â ffrind mawr iddo yn ystod cyfnod yr ysgol – y Parchedig Whitford Roberts. Fo oedd yn gyfrifol am drefnu'r *Social Hour* mewn neuadd oedd yn perthyn i gapel Wesle, a'r noson honno, roedd yn llawn milwyr, llongwyr ac aelodau o'r llu awyr, a David ar y llwyfan yn canu yn lifrai'r Gwarchodlu Cymreig. Roedd dwy fil o bobl eisiau clywed David Lloyd a Bruce Dargavel yn canu, ac fe sylweddolwyd yn fuan na fyddai'r neuadd yn ddigon mawr, felly agorwyd drysau'r sinema, a llanwyd honno hefyd. Ac er mwyn cadw pawb yn hapus, roedd David a Bruce yn rhuthro o'r neuadd i'r sinema am yn ail i ganu. Os byddai'n canu yn y cyffiniau, byddai David yn aros gyda Whitford a'i deulu, ac ar ôl swper byddai'r ddau, yn ôl Whitford, yn hel atgofion am ddyddiau hapus eu plentyndod yn Nhrelogan.

Ond mae Whitford yn cadarnhau bod yna ochr arall, fwy difrifol i gymeriad David hefyd. Mae'n cofio sgwrsio un tro efo fo am Dylan Thomas, a David yn dweud ei fod yn deall Dylan, ac yn cydymdeimlo ag ef. Teimlai David mai ychydig iawn o bobl oedd yn sylweddoli mor fawr oedd y straen ar unrhyw artist, boed yn fardd neu'n ganwr. Roedd David ei hun bob amser ar bigau'r drain cyn cyngerdd pwysig. Er ei fod yn ymddangos wrth ei fodd yn canu ar lwyfan, yr oedd y straen a'r nerfau'n anodd i'w gorchfygu ar brydiau. Dyna pam roedd o'n hoffi dianc yn ôl i Drelogan bob cyfle a gâi, i fwynhau ysbaid o ryddhad rhag y pwysau parhaol a deimlai fel unawdydd; pwysau a gynyddai o flwyddyn i flwyddyn gyda disgwyliadau ei gynulleidfa.

Mae Don Lloyd yn adrodd stori am ei ewythr yn cyrraedd y Rhyl ar y trên o Lundain un nos Wener â llond cês o grysau i Mona, ei chwaer, eu golchi a'u smwddio, yn barod ar gyfer y daith nesaf o gyngherddau o amgylch Prydain:

Roeddwn i yn yr Ysgol Ramadeg ar y pryd ac yn disgwyl am y bỳs i fynd adra, a phwy gyrhaeddodd y bỳs stop ond

Yncl Defi. Roedd o wedi bod yn canu yn yr Albert Hall y noson cynt. Fe gyrhaeddodd y bus, ac i fewn â ni, ac mi ofynnodd i mi:

'Be' ti'n neud ar ôl te?'

'Dim byd,' medda fi

'Reit. Ti isho dŵad i saethu cwningod efo fi? Gin i job bwysig i chdi'.

'Cario'r gwn?'

'Gei di weld.'

Beth bynnag, i ffwr' â ni ar ôl te i gyfeiriad stad yr Arglwydd Mostyn drwy dir ffarm Williams Tŷ Newydd. Bwriad David oedd saethu cwningod ar dir Mostyn drwy saethu dros ben y wal o gaeau Tŷ Newydd.

'Ond beth am Mr Rees y cipar?' gofynnais.

'Gad ti Rees y cipar i mi, boio,' oedd ei ateb.

Ac ar y gair, pwy ddaeth rownd y gornel yn ei *deerstalker* a'i *plus fours* ond Mr Rees.

'This is a serious situation, Mr Lloyd. Very serious.'

'Why is that, Mr Rees?'

'Shooting rabbits on Lord Mostyn's land, Mr Lloyd.'

'I am not on Lord Mostyn's land, Mr Rees. The rabbits are on Lord Mostyn's land. This is Williams Tŷ Newydd's land, and my intention is to shoot the rabbits over the wall. If you feel that you should report me, do so by all means. But I have to tell you that two weeks ago I was singing at a wedding in Hanover Square in London while the young couple were signing the register. Lord Mostyn was there. It was his son's wedding. I was the invited soloist, and Lord Mostyn was very happy with my performance. But as I said, if you really want to report me – it's up to you.'

Edrychodd y cipar arnom ein dau a throi ar ei sawdl. Gyda llaw, y 'job bwysig' ges i oedd gwaedu tair cwningen farw efo cyllell boced Yncl Defi tra oedd perchennog y gyllell boced yn cyfogi yn y cefndir.

Weithiau, byddai David Lloyd yn mynd â'i nai efo fo am dro i un o'r cyngherddau, ac mae Don yn cofio mynd i gyngerdd yn sinema y Plaza ym Mangor, a hynny yn fan llysiau a ffrwythau Mona, chwaer David. Oherwydd bod petrol yn brin, os oeddech chi'n cadw busnes ac angen teithio o gwmpas, yna fe gaech chi ychydig o betrol, ond doedd y stampiau *rations* ddim i fod i gael eu defnyddio at ddim byd arall. Dim teithiau efo'ch ewythr i'w glywed o'n canu yn y Plaza Bangor er enghraifft, hyd yn oed os mai fo oedd David Lloyd, Caruso Cymru. Roedd Don wedi llwytho'r cefn efo tatws a moron, a David yn eistedd yn y tu blaen yn ei *tuxedo* a thei bo, a'i gôt fawr drosti. Petaent yn cael eu stopio gan yr heddlu, y rhybudd i David oedd i gadw'n dawel, a byddai Don yn egluro wrth yr heddlu eu bod nhw'n mynd i ochre Llandulas i nôl tatws. Ond yn Llandulas fe gafodd y car ei stopio gan yr heddlu. Daeth y plisman i fyny at y ffenest a gofyn:

'And where might you be going with a commercial vehicle on an afternoon like this?'

'Well, if you care to look in the back of the van,' meddai David, 'you will see that we are engaged in the greengrocery business. We're stocking up for a week and hoping to get potatoes, at least, on this trip.'

'Felly, wir,' meddai'r plisman, oedd wedi adnabod David yn syth bin. 'Ym Mangor, mae 'na fferm ar ffordd Caernarfon, ddim yn bell o'r Plaza, ac mi gewch chi lond fan yn fan 'no, dwi'n siŵr – ar ôl y cyngerdd heno. Pob hwyl i chi, 'machgen i,' meddai â gwên ar ei wyneb.

Y noson honno mi ganodd David efo Violet Jones, gwraig Towyn Roberts, a Henryd Jones. Yn ôl yr hanes, fe ganodd David bymtheg gwaith, gan gynnwys unawdau a deuawdau efo Violet a

Henryd. Ar y ffordd yn ôl, roedd David am wybod beth oedd barn Don am y cyngerdd.

'Da iawn,' meddai Don. 'Ond be' dwi'm yn ddallt, Yncl Defi, ydi fod 'na lot o ferched yn crio pan oeddach chi'n canu. O'n i'n meddwl mae yno i fwynhau eu hunain oeddan nhw?'

'Gwranda, boio', meddai David, 'mi fedra clown neud iddyn nhw chwerthin, ond mae isho dyn sy'n dallt ei grefft i neud iddyn nhw grio.'

Ac mi oedd David yn deall y grefft o ganu cân a fyddai'n denu merched ifanc i'r dim.

Fel y soniwyd yn gynharach, oherwydd natur ei bersonoliaeth a'i enwogrwydd fel canwr, tyfodd David Lloyd i fod yn arwr i'w ddilynwyr. Ac eisoes yn y gyfrol hon, mi soniais i nad oedd sail i nifer o'r straeon a adroddwyd amdano. Felly, pan ddarllenais fod neb llai na Ceinwen Rowlands, y soprano a ganodd yn amlach na neb ar lwyfannau Cymru gyda David, wedi dweud ar goedd fod gŵr yn Llundain wedi cyflogi rhywun i ladd David Lloyd oherwydd bod y canwr yn cael perthynas gyda'i wraig, bu'n rhaid i mi fynd ar drywydd y stori honno.

Bûm yn tyrchu drwy bapurau newydd a chylchgronau, dogfennau ac archifau i geisio dod o hyd i unrhyw dystiolaeth o'r digwyddiad. Fe honnir mai gyda'r hanesydd cerdd Huw Williams y rhannodd Ceinwen Rowlands y stori. Yn 1985 fe draddododd Huw Williams ddarlith ar hanes David Lloyd yn Eisteddfod Genedlaethol y Rhyl a'r cyffiniau. Felly dyma gychwyn yn y fan honno, a dod ar draws y geiriau yma gan Huw i ddisgrifio'r berthynas rhyngddo fo a David Lloyd: 'Bu perthynas glòs iawn, iawn rhyngom ein dau wrth i ni gydweithio ar faterion y byddai'n gymwys imi gyfeirio atynt fel pethau hynod bersonol a chyfrinachol.'

Treuliais awr neu ddwy yn pendroni arwyddocâd rhai o'r geiriau yn y frawddeg. Nid 'pethau personol' ond pethau 'hynod bersonol', hynny ydi, nid un noson o garwriaeth nwydus, ond perthynas dros gyfnod o amser gyda gwraig briod, efallai. A oedd David Lloyd yn gwybod pwy oedd wedi ceisio ei saethu, ac wedi dweud wrth Huw Williams, ond heb ddweud wrth Ceinwen Rowlands? Ond ni allai hynny fod yn wir, oherwydd deuthum i ddeall drwy sgwrs gyda mab Huw Williams, Maredudd ap Huw, fod Ceinwen wedi rhannu pwt ychwanegol o wybodaeth am yr ymgais honedig ar fywyd David Lloyd.

Ymddengys mai'r gorchymyn a gafodd y dihiryn a oedd wedi ei gyflogi i ladd y canwr oedd, 'Get rid of that Welsh singer, Lloyd.' Ond roedd yna Lloyd arall o Gymro yn Llundain ar y pryd, a oedd hefyd yn ganwr ac yn ffrind i David Lloyd, ac wedi rhannu llwyfan efo fo fwy nag unwaith, sef y bariton o Lyn-nedd, Roderick Lloyd. Gwelais gyfeiriad yn y *Monmouthshire Free Press* at y ffaith fod David a Roderick yn perfformio gyda'i gilydd yn Sir Fynwy. Yn ôl yr adroddiad, canodd David 'with ease and technique that only comes from assiduous training and with keen musical intelligence and understanding.' Ac roedd gan Roderick 'a voice of rich calibre. A pure bass, rather than a baritone, who sang with deep impressiveness.'

Roedd David Lloyd yn y coleg ar y pryd, a Roderick newydd ymuno â Sadler's Wells. Dair blynedd yn ddiweddarach, ymunodd David â Sadler's Wells hefyd, i ganu rhan Don Ottavio yn *Don Giovanni*, tra oedd Roderick yn canu rhan fechan y Commendatore. Yn ôl un papur ar y pryd, 'These brilliant Welsh artistes share a dressing-room, and the rest of the cast call them "The Lloyds of London".' Felly does dim amheuaeth o gwbl nad oedd y ddau yn adnabod ei gilydd yn dda, a'u bod yn ffrindiau.

Er i mi chwilio a chwalu drwy bapurau newydd lleol yng Nghastell-nedd, archifau'r heddlu yn Llundain ac archif y *Times*, ac er bod sôn am David Lloyd a Roderick Lloyd yn canu mewn gwahanol gyngherddau efo'i gilydd, ddois i ddim ar draws unrhyw gyfeiriad at ymgais i ddistewi cân y bariton. Dim golwg o 'File 165. Attempted manslaughter of Roderick Lloyd', na phennawd dramatig mewn unrhyw bapur newydd yn awgrymu bod rhywun am waed David Lloyd. 'Bullet meant for tenor injures baritone', er enghraifft. Petai Roderick Lloyd neu David Lloyd wedi cael eu hanafu mewn ymgais i'w lladd, byddai'r wasg a'r cyfryngau wedi cael gafael yn y stori. Ond nid oedd amser yn caniatáu i mi ddatrys y dirgelwch. Un peth sy'n sicr, os gwnaethpwyd camgymeriad rhwng y ddau Lloyd o safbwynt cael gwared ag un ohonyn nhw, fe ddigwyddodd hyn cyn 9 Ebrill 1945, oherwydd bu farw Roderick Loyd yn dawel yng nghartref ei deulu yng Nglynnedd ar y dyddiad hwnnw.

Mi fuaswn i'n tybied ei bod yn fwy tebygol fod gŵr blin wedi dod adref yn gynt na'r disgwyl ac wedi dal David Lloyd yn y gwely gyda'i wraig. Fynte wedi dianc drwy'r ffenest, ac wrth redeg i lawr y stryd, yn clywed y gŵr yn gweiddi, 'I'll get you for this, Lloyd!' Ar sail yr hyn a wyddom am David Lloyd, a yw hi'n debygol ei fod wedi cael perthynas â dynes briod yn Llundain? Ydi. Ar sail yr hyn a wyddom amdano, a yw hi'n bosib ei fod wedi cael ei ddal a bod rhywun am ddysgu gwers iddo? Ydi. Ond does yr un o'r ffynonellau sy'n gysylltiedig â David Lloyd, gan gynnwys ei bapurau personol, yn cyfeirio at y digwyddiad honedig. Dywedodd Huw Williams yn ei ddarlith fod David Lloyd wedi dweud wrtho mai: 'Pethau i'w cadw, yn hollol hunanol felly, yn hytrach na phethau i'w rhannu gyda phawb, yw cyfrinachau mawr bywyd.'

Ond tueddiad y natur ddynol yw ceisio darganfod cymaint ag sy'n bosib am ein henwogion o fri. Ac yn aml iawn, os na ddaw'r gwir i'r wyneb, yna gwell mynd ati i greu anwiredd sy'n ymdebygu i'r gwirionedd na cheisio tawelu'r dyfroedd a lladd y stori.

Pennod 13

O Lundain i Lanrwst, o Berthengam i Bermondsey, ac o Gaeredin i Gaergrawnt, roedd trigolion Prydain yn gorfoleddu ac yn dathlu yn eu miliynau ar 8 Mai 1945 fod yr Ail Ryfel Byd wedi dod i ben yn Ewrop. Goleuwyd cestyll Cymru, a chyneuwyd coelcerthi a thân gwyllt 'i erlid ymaith y blacowt,' yn ôl un papur newydd. Ar draws pob gwlad, ym mhob pentref a thref, adeiladwyd byrddau dros dro yn y strydoedd, wedi eu llwytho â brechdanau Spam a theisennau wedi eu haddurno mewn eisin coch, glas a gwyn, a lemonêd coch i'w yfed. Te parti go iawn i ddathlu VE Day.

Dwi ddim yn cofio llawer am y diwrnod ei hun, ond dwi yn cofio'r newid yn y ffordd roedd fy rhieni'n ymddwyn. Weles i ddim llawer o fy nhad yn ystod y rhyfel. Roedd e yn yr Home Guard, neu yn yr ardd, yn aelod brwdfrydig o ymgyrch y Llywodraeth, Dig for Victory. Doeddwn i erioed wedi gweld fy rhieni'n gwenu nac yn cael hwyl tan VE Day, pan weles i nhw'n ymlacio am y tro cyntaf. Dwi'n dal i wrando ar y newyddion chwech bob dydd – obsesiwn sy'n dyddio o gyfnod y rhyfel.

Dyna atgofion Prif Weinidog cyntaf Cymru, Rhodri Morgan, oedd yn bump oed yn 1945. Clywodd Brif Weinidog y Deyrnas Unedig, Winston Churchill, yn cyhoeddi'n swyddogol ar y '*news* chwech' fod y rhyfel ar ben, a bod 8 Mai yn ddiwrnod o wyliau. Aeth y dathlu yn ei flaen am wythnosau. Trefnwyd nifer fawr o orymdeithiau, cyfarfodydd diolchgarwch a phartïon stryd diddiwedd, ac yn un stryd yn Hampstead, roedd merch ifanc yn edrych ymlaen yn eiddgar at groesawu ei dyweddi yn ôl o'r fyddin ymhen y mis.

Ar 5 Mehefin, ar ôl pedair blynedd a 302 o ddiwrnodau, yn ôl y manylion ar ei gerdyn *discharge*, roedd David Lloyd yn gadael y Gwarchodlu Cymreig ac yn dychwelyd i King Henry's Road yn Hampstead at Garda. Mae'n arwyddocaol fod David wedi gorfod cael ei archwilio a'i holi gan Fwrdd Meddygol cyn gadael, ac mai canlyniad yr archwiliad seiciatryddol oedd 'Ceasing to fulfil army physical requirements due to anxiety neurosis.' Cawn glywed mwy am hyn maes o law.

Yn y cyfamser, roedd Cymry'r eisteddfodau yn edrych ymlaen i weld eu harwr yn ei lifrai *khaki* yn yr Eisteddfod Genedlaethol yn Rhosllannerchrugog. Ddydd Llun y brifwyl, gollyngwyd bom atomig ar Hiroshima. Lladdwyd 140,000 o bobl. Ar y dydd Iau, cadeiriwyd Tom Parry Jones am ei awdl, 'Yr Oes Aur', a oedd yn mynegi dyhead y ddynoliaeth am ffyniant a heddwch. Ac er bod y gynulleidfa, yn ôl y wasg, wedi bloeddio 'Heddwch' mewn modd na chlywyd 'na chynt na chwedyn', prin y buasai sŵn bloeddio'r chwe mil yn y pafiliwn wedi boddi sŵn yr ail fom atomig a ddisgynnodd y diwrnod hwnnw ar Nagasaki gan ladd 80,000 o bobl. Ddydd Gwener, cyhoeddwyd o'r llwyfan fod y rhyfel gyda Japan hefyd wedi dod i ben. Heb unrhyw baratoi ymlaen llaw, cafwyd cyfarfod diolchgarwch yn y fan a'r lle. Canodd y gynulleidfa emyn Edward Jones, 'Cyfamod hedd, cyfamod cadarn Duw,' ac yna, yn araf, ymlwybrodd y cyn-archdderwydd Elfed, yn ei wisg aur, yn hen ac yn ddall i flaen y llwyfan a sibrwd un gair: 'Gweddïwn.'

Y noson flaenorol canodd David Lloyd yn ei lifrai milwrol i sŵn band y Gwarchodlu Cymreig mewn cyngerdd i groesawu'n ôl ryw drichant o Gymry a oedd wedi bod yn gwasanaethu gyda'r lluoedd arfog. Canodd ddwy gân, a chafwyd seremoni yn ystod y cyngerdd i gyflwyno cwpan i'r Eisteddfod gan y Gwarchodlu Cymreig y bu David yn aelod ohono, er cof am gymrodyr a laddwyd yn y ddau ryfel byd. I gloi, cododd y gynulleidfa ar ei thraed unwaith yn rhagor i ganu emyn Watcyn Wyn, 'Rwy'n gweld o bell y dydd yn dod':

> Mae teg oleuni blaen y wawr
> O wlad i wlad yn dweud yn awr
>   Fod bore ddydd gerllaw ...

Pan ofynnwyd i David Lloyd mewn cyfweliad gyda'r *Western Mail* yn 1960 pam na fyddai wedi ailafael yn ei yrfa operatig ar ddiwedd y rhyfel, dyma oedd ei ateb: 'Unfortunately, war was declared, and there was no Glyndebourne Opera for the next six years. In the meantime, I had made progress in the world of oratorio, so gave up the idea of singing opera.'

Mynnai'r soprano Joan Cross, a ganodd gyda David yn Sadler's Wells, y gallai fod wedi ailgynnau ei yrfa operatig mewn gwirionedd. Gan ei fod wedi cael gymaint o lwyddiant a chanmoliaeth, ac eilunaddoliaeth hefyd, fe sylweddolodd David yn weddol fuan ei fod yn mwynhau'r sylw ychwanegol yr oedd yn ei gael. I unawdwyr operatig fel Joan Cross, oedd yn ddibynnol ar gwmnïau megis Glyndebourne a Sadler's Wells i'w cyflogi, roedd dyfodiad y rhyfel yn golygu nad oedd gwaith ar gael. Ond, oherwydd iddo'i ail-greu ei hun yn unawdydd cyngerdd, ni fu'n rhaid i David Lloyd ailafael yn ei yrfa oherwydd na fu'n rhaid iddo ollwng gafael ynddi yn y lle cyntaf.

Cynyddu wnaeth ei boblogrwydd, ac yr oedd yn brysurach nag erioed. Er y gellid honni ei fod wedi cael ei ddefnyddio fel offeryn propaganda gan y fyddin i ganu caneuon gwladgarol er mwyn codi ysbryd y Cymry, mae hefyd yn wir i ddweud mai canu gyda Band y Gwarchodlu a recordio caneuon yn Saesneg yn ystod y rhyfel a ddaeth ag ef i sylw cynulleidfa ehangach. Prin y byddai neb yng Nghymru wedi ei glywed yn canu mewn opera, beth bynnag. Yn sicr, nid aeth yr un aelod o'i deulu draw i Glyndebourne na Sadler's Wells i'w weld yn perfformio, a phetai David wedi dilyn gyrfa operatig, ni fyddai Cymru wedi cael cyfle i'w fwynhau i'r un graddau. Proffwydodd y gwybodusion – a rhai llai gwybodus – y byddai wedi cael gyrfa lewyrchus ar y llwyfan operatig rhyngwladol oni bai am y rhyfel. Mewn tair opera yn unig y canodd David Lloyd – *Macbeth, Don Giovanni* a'r *Ffliwt Hud*. Yng ngeiriau Enrico Caruso, a ddyfynnir gan y tenor rhyngwladol o Gymro, Dennis O'Neill, 'Mae pob canwr operatig yn cynnig pecyn i chi, a dim ond deg y cant o'r cyfan ydi'r llais.' Felly ar sail tri ymddangosiad yn unig mewn tair opera, a ellir dweud bod gan David Lloyd y 'pecyn angenrheidiol'? A fyddai wedi gallu cystadlu â thenoriaid mawr y byd?

Fe ganodd Caruso dros wyth cant o weithiau ar lwyfan y Metropolitan yn Efrog Newydd, a fo oedd y 'seleb' operatig byd-enwog cyntaf. Jussi Björling, y tenor y camodd David Lloyd i'w esgidiau pan oedd o'n fyfyriwr 26 oed, oedd eilun y diweddar Luciano Pavarotti. 'Pan dwi'n ymarfer rhan mewn opera newydd,' meddai Pavarotti, 'y peth cyntaf dwi'n ei wneud ydi gwrando ar Jussi Björling yn perfformio'r rhan. Roedd ei lais o'n unigryw. Petawn i'n cael fy nghymharu ag unrhyw ganwr arall, yna gobeithio mai Björling fyddai'r canwr hwnnw.'

Disgrifiwyd Björling ei hun fel 'y tenor â'r deigryn yn ei lais', ac fe ddefnyddiwyd yr ymadrodd hwnnw am David Lloyd hefyd. 'I Mario Lanza mae'r diolch fy mod i'n ganwr opera,' oedd geiriau José Carreras, a oedd, fel Placido Domingo, yn addoli Mario Lanza. Roedd gyrfaoedd operatig Mario Lanza a David Lloyd yn dechrau yr un pryd, ac fel David Lloyd, bu'n rhaid i Lanza roi'r gorau i berfformio mewn opera pan ddaeth y rhyfel, a bu'n canu fel unawdydd mewn sioeau ar draws America wedyn.

Yn wahanol i David, fe benderfynodd Mario Lanza ailafael yn ei yrfa operatig pan ddaeth y rhyfel i ben, drwy ganu rhan Pinkerton yn *Madama Butterfly* Puccini, ac yn nes ymlaen bu'n canu yn *La Traviata*. Ond fel David, roedd dwy opera yn ddigon iddo, ac fe benderfynodd Lanza mai yn Hollywood yr oedd ei ddyfodol.

Yn ystod cyfnod fy ymchwil ar gyfer y gyfrol hon, bûm yn ddigon ffodus i dreulio amser yng nghwmni Dennis O'Neill. Fe ddaeth hi'n amlwg tra oeddem yn sgwrsio am David Lloyd ei fod yn denor yr oedd O'Neill yn ei edmygu. Ar ôl diwrnod caled o ymarfer, neu daith flinedig yn dilyn cyngerdd, ei ffordd o ddadflino oedd sipian gwydraid o win coch a gwrando ar lais David Lloyd. Yng ngeiriau Dennis:

Yn ddigwestiwn, dyma un o'r lleisiau gorau a glywais erioed. Mae'r hyn a glywch yn fynegiant o hanfod y dyn. Dyw e byth yn gwthio'r llais. Mae'r dechneg yn berffaith, a'i ynganu hefyd. Tenor o radd ryngwladol. Does gen i ddim amheuaeth, oni bai am y rhyfel, y byddai wedi canu yn nhai opera mwya'r byd.

Doedd y llwyfan rhyngwladol ddim yn ddieithr i David Lloyd, wrth gwrs. Cyn y rhyfel canodd mewn gwyliau yn Ewrop, ac yn 1946 roedd yn brif denor yng ngwyliau Verdi a Mozart yn yr Iseldiroedd ar ddiwedd cyfnod sobr o brysur yn canu ledled Cymru bob yn ail noson. A phan nad oedd yn canu yng Nghymru, byddai'n teithio i neuaddau cyngerdd yn Lloegr ac i fyny yn yr Alban.

Ym mis Rhagfyr 1946, roedd Ceinwen Rowlands a David yn y Neuadd Philharmonig yn Llundain yn perfformio'r *Meseia* dan arweiniad Malcolm Sargeant. Er bod yr arweinydd yn hoffi deongliadau David o waith Mozart, doedd David ddim yn cytuno efo fo bob tro. Bu'n siarad am ei berthynas gydag arweinyddion ar raglen radio o Fangor:

> Mae arweinyddion yn amrywio. Mae un arweinydd yn dweud 'fel hyn dwi am i chi ganu'r rhan', ac eto tydi'r ffordd honno ddim yn siwtio arweinydd arall. Felly mae'n rhaid i unawdydd wybod ei waith mor drylwyr nes y gall newid ei ddehongliad ar amrantiad. Yn bersonol, mewn byd delfrydol, dylai'r unadwydd gael yr hawl i benderfynu sut mae o'n bwriadu canu'r gwaith – a pheidio â'i newid. Ond wedi dweud hynny, gan yr arweinydd mae'r gair olaf.

Ond ddim bob tro. Wrth ymarfer 'Comfort ye, my people' o'r *Meseia* efo David Lloyd ar yr achlysur hwn, roedd Sargent yn stopio'n gyson i ddweud wrth David, 'I'm afraid this is not the *Messiah* I want to hear.' Yn y diwedd, fe wylltiodd David a dweud yn blaen wrth Sargent, 'Look, we've been engaged to sing Handel's *Messiah*, not your bloody version. Get on with it, and stop buggering about.'

Ar ddiwedd y 40au dychwelodd David Lloyd i'w gynefin i ganu'r *Meseia* eto, y tro hwn gydag Isobel Baillie a Chôr Trelawnyd, dan arweiniad T. Elford Roberts. Ac mae o'n cofio'n dda fod gan David Lloyd ddefod y byddai'n ei hymarfer cyn mynd i'r llwyfan. Roedd David yn un am baratoi'n drylwyr ymlaen llaw, a byddai'r ddefod a gâi ei dilyn y tu ôl i'r llwyfan neu yn festri'r capel wastad yr un fath. Am beth amser, byddai David yn eistedd yn dawel yn ei unfan fel pe bai'n casglu ei feddyliau at ei gilydd. Yna, byddai'n mynd draw i'r llwyfan, yn rhoi ei law ar y piano ac yn plygu ei ben dair gwaith. Tra oedd y gynulleidfa'n gweiddi eu croeso, byddai yntau'n anadlu'n ddwfn ac yn gwrando'n astud er mwyn clywed sŵn pin yn disgyn cyn edrych i gyfeiriad Maimie Noel

Jones, Gerald Moore neu Meirion Williams, pwy bynnag oedd yn cyfeilio iddo ar y noson, a dechrau canu. Yn ei hunangofiant, *Never Sing Louder than Lovely*, canmolodd Isobel Baillie ei lais telynegol a'i reolaeth lwyr dros ei anadlu, er ei fod o'n mwynhau smocio sigaréts Players a Senior Service.

Cofiai Wyn Owen, bariton a ganodd sawl gwaith gyda David, fod perfformio yn yr un cyngerdd ag o yn gallu bod yn brofiad rhwystredig iawn.

> Dwi wedi bod ar y llwyfan yn canu nes oedd fy mrên i yn dŵad allan o fy mhen i, a dim ond cael derbyniad gweddol. Wedyn, ar ôl iddyn nhw gyhoeddi enw David, a fynta'n camu mlaen, mi fydda'r gynulleidfa ar ei thraed, yn gweiddi ac yn cymeradwyo. Mi fydda fo yn cael gwell derbyniad na fi heb ganu nodyn.

Mae'n bwysig nodi ei fod yn cael croeso tywysogaidd lle bynnag roedd o'n mynd i ganu, ac roedd yn canu ym mhob man hefyd. Cyfeiliornus yw dweud ei fod wedi dewis dod i ganu i gefn gwlad Cymru pan allai'n hawdd fod wedi canu mewn rhyw gyngerdd o statws uwch yn Lloegr. Roedd David Lloyd yn barod i ganu o flaen unrhyw gynulleidfa mewn unrhyw fan, ar draws Prydain a thu hwnt. Mewn cyfweliad teledu gyda Gwyn Erfyl, dywedodd Huw Williams fod David yn cael ei adnabod yn Lloegr fel dehonglwr Mozart penigamp, gan ychwanegu:

> Ond dyna fo, pa iws iddo ddod i gefn gwlad Cymru yn ei gyfnod o i ganu 'Il mio tesoro'? Doedd y gynulleidfa ddim yn mynnu y math yna o ganu o gwbl. Beth oeddan nhw isho oedd David Lloyd yn canu 'Arafa don', 'Yr hen gerddor', 'Croesffordd y Llan', 'Hyder' ac yn y blaen. Beth fyddai'r iws iddo ganu *Don Giovanni* neu'r *Ffliwt Hud* ar lwyfan pentref yn y gogledd?

Y gwir yw mai'r hyn roedd y gynulleidfa eisiau ei glywed oedd David Lloyd yn canu unrhyw beth, ac mae ei *repertoire* amrywiol a rhaglenni ei gyngherddau yn dangos hynny. Mewn cyngerdd a gynhaliwyd ar 14 Gorffennaf 1948 yng nghapel Seilo, Aberystwyth, fe ganodd David 'Sound an alarm' gan Handel, 'Ysbryd y mynydd', gan Vaughan Thomas, deuawd gyda Joan Hammond o *Le Nozze di Figaro*, a 'Il mio tesoro' o *Don Giovanni*, eto gan Mozart. Roedd yr hyn a ganai o gyngerdd i gyngerdd yn amrywio oherwydd bod y gynulleidfa hefyd yn amrywio o le i le. Ond mae ceisio awgrymu mai dim ond caneuon Cymraeg a Chymreig a ganai David pan oedd o'n canu mewn cyngerdd yng Nghymru yn gamarweiniol.

Yn ogystal â chanu bron bob nos heb fawr o seibiant, dychwelodd i'r stiwdio recordio. Recordiodd yn gyson rhwng 1940 ac 1947 yn Saesneg yn unig, oherwydd sensoriaeth adeg y rhyfel, ond ar 25 Mawrth 1947 bu'n recordio yn stiwdio'r BBC yng Nghaerdydd. Mae'r ddau drac cyntaf yn cynnwys ei ddehongliad enwog o 'Bugail Aberdyfi', gyda'r cyflwyniad ychwanegol y gofynnodd o i Idris Lewis ei gyfansoddi ar ei gyfer. Yna fe recordiodd sesiwn gyda chwmni Decca ddiwedd mis Hydref 1948 a Meirion Williams yn cyfeilio. Dyma'r caneuon a'i hanfarwolodd yng ngolwg ei gynulleidfa yng Nghymru: 'Sul y Blodau', 'Lausanne', 'Yr hen gerddor', 'Arafa don', 'Hyder' ac 'Elen fwyn'. Bu'n recordio dan nawdd y Welsh Recorded Music Society, ac fe werthwyd rhai miloedd o'r disgiau o amgylch y byd, ond ni dderbyniodd David unrhyw freindal o gwbl o'r gwerthiant gan i'r cwmni fynd yn fethdalwyr.

Bu Meirion Williams yn cyfeilio iddo droeon, ac felly hefyd Maimie Noel Jones. Ond weithiau byddai trefnydd y cyngerdd yn sicrhau bod cyfeilydd ar gael, a dyna ddigwyddodd ar ymweliad â Coventry yn 1949 i ganu mewn cyngerdd yn y Neuadd Ddinesig i godi arian at gronfa'r Maer. Ac yn wir, roedd y Maer a'i Rolls

Royce yn ei ddisgwyl oddi ar y trên a merch ifanc yn eistedd wrth ochr y Maer yn wên o glust i glust. Awgrymodd y Maer y dylai David gael cyntun am ryw awr neu ddwy ar ôl y daith cyn iddynt ailymgynnull yn Ystafell Gerdd y Neuadd. A hynny a fu. Ymhen dwy awr, aeth David i'r stafell gerdd a phwy oedd yno yn dal i wenu ond y ferch oedd yn y Rolls Royce. Erbyn hyn, roedd yn eistedd wrth y piano. Cerddodd David draw efo copi o un o'i hoff arias yn ei law – 'Il mio tesoro'. Ar ôl clywed ychydig fariau yn unig, sylweddolodd David fod ganddo broblem. Mae'n hanfodol fod cyfeilydd yn gallu canu'r piano, a doedd y ferch ifanc yma efo'r wên lydan ddim yn gyfeilydd o fath yn y byd. Ar ôl y trydydd cynnig ar amrywiaeth o ganeuon, gadawodd David yr ystafell a mynd i chwilio am y Maer, gan esbonio'r broblem wrtho. Gorffennodd drwy ddweud:

'This girl is hopeless. Get me somebody who can play.' Gwelwodd y Maer.

'That would be very difficult,' meddai. 'She's my daughter.'

Yn y cyd-destun hwn, efallai ei bod yn werth cofio geiriau Thelonious Monk, na fu mo'i debyg erioed am chwarae *jazz* ar y piano: 'The piano ain't got no wrong notes.' Mae'n amlwg na chlywodd Thelonious erioed ymdrechion merch y Maer, a brofodd y noson honno y gellid chwarae pob nodyn ar y piano yn anghywir heb fawr o ymdrech, mae'n debyg.

Ar ôl y profiad anffodus hwn, rhaid bod David Lloyd yn edrych ymlaen yn fawr at ddechrau'r flwyddyn newydd, pan fyddai'n perfformio heb gyfeilydd o gwbl. Heb gyfeilydd, ond gyda Cherddorfa Gymreig y BBC mewn cyfres newydd sbon a fyddai'n gyfle newydd arall i David ennill mwy o edmygwyr gyda'i felys lais.

Pennod 14

Roedd dau Feibl yn ein tŷ ni 'pan oeddwn fachgen' – Beibl teulu mawr, du a'r meingefn wedi treulio oedd y naill, a'r llall oedd y *Radio Times*. Byddai Mam yn darllen yr ail yn ddeddfol, ac yn rhoi cylch coch o amgylch pob rhaglen radio yr oedd hi am ei chlywed. Wrth fyseddu drwy'r *Radio Times* ym mis Ionawr 1950, ar ôl gweld cyfeiriad at *Music Hall* gyda sêr mwyaf llachar y radio bryd hynny – Max Miller, Ted Ray, Terry Thomas a'r dynwaredwr adar Percy Edwards – daeth ar draws cyfeiriad at raglen newydd sbon. Gafaelodd yn y bensal a rhoi cylch coch o amgylch y geiriau: 7.15 *Melys Lais*. David Lloyd yn canu eich hoff ganeuon gyda Cherddorfa Gymreig y BBC dan arweiniad Idris Lewis.

Bu David Lloyd eisoes yn cyfrannu'n achlysurol ar y radio i'r BBC o Gaerdydd a Llundain, ond *Melys Lais* oedd y gyfres a gadarnhaodd ei statws fel y perffomiwr mwyaf poblogaidd ar y gyfres fwyaf poblogaidd ar y radio ar y pryd. Cyfeiriodd Syr Geraint Evans at boblogrwydd y gyfres yn ei hunangofiant *A Knight at the Opera*, ac yn benodol at y ffaith ei fod yn cofio gweld merched ar y stryd yng Nghilfynydd yn cloncan a rhoi'r byd yn ei le, ac yna byddai llais yn gweiddi, 'David Lloyd's on.' Yn sydyn, roedd y stryd yn wag, y drysau wedi'u cau'n glep a'r merched yn eu tai yn gwrando ar y radio. Ond bu bron iddo beidio â chanu ar y rhaglen hanesyddol gyntaf honno, oherwydd ar ddiwedd 1949 anfonwyd neges at Adran Gerdd y BBC gan Ibbs and Tillett, ei asiant, yn dweud y byddai'n rhaid canslo holl gyngherddau David ar y llwyfan ac ar y radio. 'He is unable to broadcast on Sunday. Nervous breakdown,' meddai'r neges. 'Under doctor's orders to cancel all engagements.'

Pan adawsai David y fyddin bum mlynedd ynghynt, roedd ei archwiliad seiciatryddol wedi nodi bod ganddo *anxiety neurosis*. Yn 1948 bu'n rhaid iddo ganslo cyngerdd gyda Kathleen Ferrier oherwydd *nervous exhaustion*, a blwyddyn yn ddiweddarach, daeth neges arall i ddweud bod David yn cael mwy o broblemau meddwl, ac fel y cawn weld, cynyddu fyddai'r cyfnodau tywyll hyn.

Ymhen y mis, fodd bynnag, derbyniodd Idris Lewis lythyr gan David yn cyhoeddi, 'I am back in circulation.' Byddai'r rhaglen yn dechrau gyda David yn canu (yn addas iawn): 'Mi geisiaf eto ganu cân / I'th gael di'n ôl, fy ngeneth lân.' Ac yn eu cadeiriau cyfforddus o boptu'r tân, byddai teuluoedd drwy'r wlad yn cael clywed David Lloyd ar y weiarles yn canu baledi, caneuon ysgafn ac emynau, fel petai o ar yr aelwyd efo nhw. Doedd David ei hun ddim yn cyflwyno'r gyfres ar y dechrau, dim ond yn canu. Byddai'r gynulleidfa wedi mwynhau clywed ei lais yn cyflwyno'r caneuon heb os, fel y gwnâi yn ei gyngherddau, ond ar y sgriptiau o'r rhaglenni sydd ar gael yn archif y Llyfrgell Genedlaethol, fe welir yr un gair ffurfiol, *Announcement*, cyn cyhoeddi enw'r gân nesaf, ac weithiau ceid *announcements* od iawn mewn llais pwysig oedd yn siarad atoch chi yn hytrach nag efo chi. Llais felly oedd llais y BBC yn aml iawn yn y dyddiau cynnar:

Mae llawer iawn ohonoch wedi ysgrifennu ynglŷn â'r emyn y mae David yn ei ganu yn y rhaglenni hyn, ac mae'n amlwg eich bod am iddo barhau i ganu un bob nos Sadwrn.

Ar ôl y newyddion da ... y newyddion drwg.

Nid yw David yn mynd i ganu emyn fel y cyfryw heno, ond mae ganddo hen gân annwyl iawn sydd yn agos iawn at fod yn emyn. Fel hyn y mae'n dechrau:

Rwyf weithiau'n myfyrio nes poeni fy mhen
Wrth geisio cael allan ble'r aeth yr Amen.
Mi chwiliais y seti o'r drws i'r set fawr
Ond methais â'i glywed ar lofft nag ar lawr!

Roedd William Williams Pantycelyn yn troi yn ei fedd y noson honno, mae'n siŵr, tua phum munud ar hugain wedi saith, wrth glywed llais y cyhoeddwr yn dweud bod 'yr hen gân' yn 'agos iawn at fod yn emyn'. Mor agos ag yr oedd David Lloyd at fod yn soprano, efallai, ond dim agosach. Beth bynnag am hynny, roedd y gân am ddirgelwch diflaniad yr 'Amen' yn agos iawn at galonnau'r genedl fel yr oedd yr holl ganeuon a ganai David. Gwyddai o'r gorau pa rai a fyddai'n plesio'r gynulleidfa – y caneuon yr oedd wedi bod yn eu canu ar lwyfannau Cymru ers deng mlynedd. Ar ôl iddo ganu 'Sul y Blodau' mewn un rhaglen, ymddangosodd llythyr yn *Y Cymro* oddi wrth wrandäwr a oedd yn amlwg wedi cael ei gyffwrdd yn fawr gan ddehongliad David: 'Yr wyf yn un a gafodd y profiad chwerw o roi un bach dan dywarchen. Yr oedd datganiad a dehongliad David Lloyd yn rhwygo'r galon. Fe wyddwn ystyr y geiriau o'r blaen, ond fe ges i brofiad ohonynt neithiwr.'

Yn ogystal â *Melys Lais*, roedd ganddo raglen yn Saesneg hefyd ar fore Sul, sef *Silver Chords*. I bob pwrpas, fersiwn Saesneg o *Melys Lais* oedd hon, ac mae erthygl yn y wasg am raglenni radio David a'i gyngherddau llwyfan yn pwysleisio pa mor amrywiol oedd ei ddewis o ganeuon a pha mor amryddawn ydoedd fel canwr:

Canodd ganeuon poblogaidd, ond canodd hefyd weithiau'r cyfansoddwyr clasurol megis Mozart a Verdi. Wrth ddelio gyda rhannau trymaf y tenor, amlygodd David Lloyd allu technegol y tu hwnt i'r cyffredin. Ceir yn ei lais gryfder a'r gallu i ddal brawddegau hirfaith gyda rhwyddineb a sicrwydd o brofiad ffrwythlon. Pa ryfedd y cyrch y miloedd ar ei ôl?

Mae'r dinc Feseianaidd yn mrawddeg olaf yr adolygiad, 'Deuwch ar fy ôl i, ac fe gewch bleser a mwynhad,' yn ein hatgoffa o hoffter beirniaid ac adolygwyr o ddefnyddio ieithwedd grefyddol wrth ddisgrifio llais David. Dywedir bod Tom Nefyn yn pregethu yng nghapel Gwynfa, Penyffordd, a bod David Lloyd yno yn morio canu. Ar ddiwedd ei bregeth, fe gyfeiriodd Tom Nefyn at lais David Lloyd fel 'llais angel ar wefus dyn.' Ymhlith y cannoedd o lythyrau a dderbyniodd gan ei edmygwyr, gwelir cyfeiriadaeth Feiblaidd yn aml iawn:

> Fedra i byth ddweud mewn geiriau mor dda oedd gennyf wrando arnoch yn canu heddiw – O Frenin, bydd fyw byth. (Llythyr o Ynys Môn)
>
> What a great pleasure it gave me to listen to the Golden Voice once more. It brought tears to my eyes, tears of joy, and gratitude and thanks to God. (Llythyr o dde Cymru)

Mae yna adnod fel hyn: 'Dyma y dydd a wnaeth yr Arglwydd, gorfoleddwn a llawenychwn ynddo.' (Salm 118:24). Ac mae o leiaf un llythyr yn y casgliad yn rhoi'r argraff fod gwrando ar lais David Lloyd yn medru achosi i'w wrandawyr gael tröedigaeth:

> Gweinidog ydwyf. Rhyw ugain mlynedd yn ôl pan oeddwn yn weinidog yn y de, deuthum ryw saith milltir i Lanelli i'ch clywed ar ôl oedfa. Bellach ers peth amser yr wyf yn gorfod bodloni ar recordiau gramoffon ohonoch, ac nid oes gennyf hyd yn oed gramoffon fy hunan. Meddyliais mai chwarae

i'r *gallery* yr oeddych wrth ganu'r emynau a'u bod yn hawdd
i'w canu, ond brysiaf i ddweud fy mod wedi newid fy
meddwl yn llwyr. O bob peth yr ydych wedi recordio, y rhai
hyn sydd yn mynd i fyw hwyaf ni bydd marw yn eu hanes.
Wrth groesi'r mynyddoedd ddoe, deuthum i ffarm un o fy
aelodau, ac mae yno gramoffon weddol o'r gân fendigedig
'Disgyn Iesu o'th gynteddoedd'. Wedi gwrando, euthum yn
fy mlaen â'r gân hon wedi deffro fy enaid i'r gwaelodion.
Ni chaiff Cymru ond un David Lloyd.

A'r 'un David Lloyd' hwnnw a ganodd ran y tenor yng ngwaith
Delius, *Mass of Life*, a berfformiwyd ar lwyfan y Royal Albert
Hall yn Llundain yn 1951 fel rhan o Ŵyl Prydain. Arweinydd
y Gerddorfa Philharmonig Frenhinol y noson honno oedd Syr
Thomas Beecham, arweinydd lliwgar ei gymeriad a miniog
ei dafod. Adroddir stori am soprano operatig yn mynd ato yn
ystod ymarfer i gwyno ei bod hi'n hwyr yn cyrraedd y llwyfan
oherwydd bod y tenor wedi marw'n rhy gynnar 'Madam,'
meddai Beecham wrthi, 'you must be mistaken. No opera star
has ever died soon *enough* in my opinion.' Roedd yr arweinydd
yn ffrind agos i Delius ac yn cael ei gydnabod fel prif ddehonglwr
ei gerddoriaeth. 'For my part,' meddai yn rhaglen swyddogol yr
Ŵyl, 'I have no hesitation in declaring the life and work of Delius
to be the greatest and most far-reaching incident in music during
the past fifty years.'

Beecham, yn anad neb, a ddaeth â gwaith Delius i amlygrwydd,
a byddai'n dewis ei unawdwyr yn ofalus er mwyn sicrhau eu bod
yn gwneud teilyngdod â gwaith y cyfansoddwr. Felly roedd dewis
David Lloyd i rannu'r llwyfan efo un o faritoniaid mawr y byd,
Dietrich Fischer-Dieskau, yn bluen yn het y tenor o Drelogan.
Fore trannoeth, mewn adolygiad yn *The Times*, mae'r adolygydd
yn canmol Fischer-Dieskau i'r cymylau, gan nodi yn benodol

ei ffordd feistrolgar o drin y gerddoriaeth a'i ynganiad clir o'r testun yn Almaeneg. Wedyn, mae'n rhoi ychydig bach o sylw i berfformiad David Lloyd, hynny ydi, gymaint ag yr oedd rhan y tenor yn ei haeddu, yn amlwg, 'Mr David Lloyd manages skilfully what little the tenor has.'

Os bychan ond effeithiol oedd ei gyfraniad at Ŵyl Prydain, roedd cyfraniad David i un o gyngherddau'r Ŵyl Genedlaethol yn Llanrwst ddeufis yn ddiweddarach yn allweddol. Ar ei ysgwyddau ef yr oedd y cyfrifoldeb o ganu'r brif ran yn yr oratorio *Samson* gan Handel ar y nos Wener. Roedd Eisteddfod Llanrwst yn gerddorol ddiddorol am nifer o wahanol resymau. Yn gynharach yn yr wythnos roedd enw Beiblaidd arall, sef Solomon, wedi tynnu nyth cacwn i'w ben. Roedd ganddo ail enw, ond mae'n amlwg ei fod mor adnabyddus nad oedd angen iddo arddel ar y posteri mai Cutner oedd yr enw hwnnw. Yn ei ddoethineb, cwynodd Solomon am safon y piano, gan ddweud yn ddi-flewyn ar dafod ei fod wedi hen arfer perfformio ar biano safonol o'r Almaen, ac na fyddai unrhyw biano arall yn dderbyniol. Ac yn wir, aethpwyd yr holl ffordd i Lerpwl i logi un, a'i chludo yn ôl ar gost o £50. 'Haedda offerynwyr fel Solomon,' meddai *Baner ac Amserau Cymru* yn yr eisteddfod, 'yr offerynau gorau, ond y mae tuedd yn rhai o artistiaid byd cerdd i hawlio gormod o ffys.' Tydi rhai petha byth yn newid!

Yn Eisteddfod Llanrwst y cyflwynodd Leila Megane y wobr er cof am ei gŵr Osborne Roberts am y tro cyntaf, ac fe berfformiwyd opera yn Gymraeg am y tro cyntaf hefyd gan Gwmni Opera Cenedlaethol Cymru – cyfieithiad o *Cavalleria Rusticana* Pietro Mascagni gyda Cherddorfa Gymreig y BBC dan arweiniad Rae Jenkins. Ac i goroni'r cyfan, yn sŵn y seindorf, dychwelodd y bardd coronog T. Glynne Davies i'w gartref yng Nghorris mewn steil, yn eistedd gyda'i briod mewn lorri y tu ôl i Seindorf Arian Corris.

Roedd hi'n orfodol i ganwr mor boblogaidd â David Lloyd deithio miloedd o filltiroedd mewn blwyddyn er mwyn cyrraedd y neuaddau lle byddai'n perfformio, ac yn aml iawn, byddai'r teithiau hynny'n gyfle i ymarfer cân neu aria, yn enwedig os oedd galw arno i recordio caneuon i'r BBC yn Llundain neu Gaerdydd. Ond er bod y siwrneiau blinedig yn 1953 wedi golygu teithiau i Glasgow, Killarney, Caergeiliog, Lerpwl, Llundain, Scarborough, Machynlleth a Bournemouth, gwyddai nad oedd ond un lle yr oedd am fod yn y mis Awst, sef gartref yn ei gynefin ar gyfer Eisteddfod Genedlaethol y Rhyl.

Cynhaliwyd yr eisteddfod ar y tir lle bu brwydr Morfa Rhuddlan, ac nid yw'n ormodiaith i awgrymu bod trefnyddion yr Ŵyl y flwyddyn honno wedi clwyfo David Lloyd drwy ei anwybyddu. Roedd ei gartref yn Nhrelogan o fewn dalgylch yr eisteddfod ac roedd Cadeirydd y Pwyllgor Llenyddiaeth yn rhaglen y dydd yn sôn yn ganmoliaethus ac yn haeddiannol am gyfraniad enwogion yr ardal at ein diwylliant ni.

Y mae cystal Cymry yn y dref a'r cylch ag a geir yn unman, a haeddant gael eu calonogi … Ambrose Lloyd, William Morgan, Tomos Gee, Twm o'r Nant, Daniel Owen, Emrys ap Iwan …

Ac ymlaen ac ymlaen. Mae'r rhestr yn ddiddiwedd. Ond mae hi'n rhestr anghyflawn. Tydi hi ddim yn cynnwys enw David Lloyd. David Lloyd, eilun y genedl, arwr y werin, y Cymro rhyngwladol a fu'n codi ysbryd ei gyd-Gymry mewn cyfnod o ryfel, yn llysgennad y gân y tu hwnt i ffiniau Cymru a Phrydain, yn cael ei gydnabod fel tenor o'r radd flaenaf mewn gwyliau cerdd yn Lloegr ac yn Ewrop, ond heb gael ei gydnabod gan drefnyddion yr Eisteddfod Genedlaethol yn ei filltir sgwâr ei hun. Ac i rwbio halen yn y briw, cynhaliwyd Gŵyl Verdi yn 1953 yn yr Iseldiroedd, a gwahoddwyd

David Lloyd i fod yn brif denor yno a pherfformio *Requiem* Verdi. Nos Wener yr Eisteddfod, roedd Côr yr Eisteddfod a Cherddorfa Philharmonig Lerpwl dan arweiniad John Hughes yn perfformio'r gwaith. Cyfle, felly, i'r miloedd yn y pafiliwn glywed eu harwr yn canu gwaith oedd mor gyfarwydd iddo. Cyfle i'r Eisteddfod anrhydeddu hogyn lleol. Yr unawdwyr y noson honno oedd Adriana Guerrini, soprano o'r Eidal, Jean Watson, contralto o Iwerddon a Scipio Colombo, bariton o'r Eidal. A beth am y tenor? Wel, bernid bod Juan Oncina, y tenor o Catalunia, yn well dewis gan y pwyllgor cerdd na David Lloyd.

'Roedd o'n ofnadwy o siomedig,' meddai ei nai Don Lloyd wrthyf, 'ac yn teimlo i'r byw oherwydd na chafodd ganu o flaen ei bobl ei hun, ac oherwydd iddo gael ei anwybyddu. Roedd 'na sôn ei fod wedi gofyn am ffi fwy na'r un oedd yn cael ei chynnig, a bod yr Eisteddfod wedi gwrthod ei thalu. Ond mi oedd 'na ddigon o bres i dalu'r unawdwyr eraill.'

Aeth chwe blynedd heibio cyn y gwelid David ar lwyfan y Genedlaethol eto, a hynny yn 1959 fel beirniad. Ni chanodd am gynfod hir, oherwydd flwyddyn ar ôl Eisteddfod y Rhyl, cafodd ddamwain i'w gefn a olygai ei fod mewn poen barhaol a effeithiai ar ei allu i sefyll ac i anadlu, ac felly i ganu. Dirywiodd ei iechyd a chynyddodd ei ddibyniaeth ar alcohol. Gadawodd ei gartref yn Llundain a dychwelyd i'w gynefin at y teulu yn Nhrelogan.

Pennod 15

Roedd 4 Mai 1954 yn ddiwrnod tywyll iawn yn hanes David Lloyd. Tra oedd yn ymarfer ar gyfer rhaglen deledu gyda'r BBC ym Mharc Kinmel ger Abergele, cafodd ddamwain, a thawodd ei lais am bum mlynedd wedi hynny. Honnodd David fod ceblau trydan wedi eu gadael ar y llwyfan lle'r oedd yn perfformio, a'i fod wedi baglu drostynt a disgyn ar ei gefn, gan anafu tair fertebra a thorri dwy asen. Ar ben hynny, yn ôl David, o ganlyniad i'r cwymp roedd e'n dioddef cyfnodau o iselder. Yn y pen draw, fe aeth â'r BBC i'r llys gan hawlio iawndal oherwydd ei fod yn methu ennill ei fywoliaeth drwy ganu. Yn ôl Don Lloyd, roedd y pum mlynedd ar ôl y ddamwain yn gyfnod anodd iawn i David a'i deulu: 'Roedd o'n teimlo'n isel iawn, ac yn unig iawn ar brydiau, ac roedd o'n poeni am ei ddyfodol. Doedd 'na ddim pres yn dŵad i mewn, ar wahân i ychydig *royalties*.' Aeth yn ôl i Drelogan i fyw at ei chwiorydd, a threulio'r rhan fwyaf o'i amser yn y siop. Yn ôl ei ffrind agos, yr hanesydd cerdd Huw Williams:

Profiad ysgytwol i ddyn o'i anian o oedd cefnu ar fywyd prysur, ffwdanus y neuaddau mawr a'i gael ei hun unwaith eto yn y 'lle bu dechrau'r daith' – bywyd tawel, di-stŵr mewn ardal wledig yn Sir Fflint.

Roedd y diweddar gerddor a'r cyfansoddwr Rhys Jones yn cofio galw i'w weld o yn y siop, a mynd i'r stafell gefn lle'r oedd y llysiau'n cael eu cadw, a gweld David yn eistedd yno yn y tywyllwch ar sachaid o datws, yn smocio sigarét ac yn syllu i'r pellter. Dim ond y fo a'i freuddwydion. Teimlai fel carcharor yn methu dianc rhag undonedd bywyd y pentref bach ar ôl mwynhau cyffro'r ddinas fawr, a chwmni cantorion a cherddorion o'r un anian ag o. Trelogan a Ffynnongroyw oedd ei fyd bellach, ac ni allai rannu'r atgofion melys o ddyddiau Glyndebourne, Copenhagen a'r Iseldiroedd, na'r wefr o ganu ar lwyfan Sadler's Wells gyda neb a fyddai'n llwyr werthfawrogi cyffro bywyd bryd hynny. Yn ychwanegol at yr iselder, roedd hefyd mewn poen cyson. Roedd anadlu'n anodd. Ni allai sefyll yn syth ar ôl y ddamwain, felly gwisgai staes ac ynddo lafnau dur oedd yn cadw'i gefn yn syth. Cynyddodd ei ddibyniaeth ar alcohol. Byddai'n mynd am fisoedd heb yfed ac yna'n diflannu gyda ffrindiau, weithiau am dair wythnos ar y tro, i yfed yn ddi-stop.

'Am gyfnod, roedd yr yfed yn ddihangfa,' meddai Don. 'Yfed i ddianc oedd o, ond doedd 'na ddim dianc. Mi oedd y felan yn dŵad yn ei hôl ac yn gwasgu arno fel blanced.' Mewn rhaglen deledu yn olrhain hanes y tenor, dyma oedd dadansoddiad Dafydd Huws o'r sefyllfa yr oedd David ynddi:

Mae dau fath o alcoholig. Mae'r cyntaf yn gorfod cael diod ar ôl deffro yn y bore. Yr *eye-opener*, fel mae'n cael ei alw. Wedyn, maen nhw'n yfed bob awr o'r dydd. Ateb dros dro yw'r ddiod, ond dyw e ddim yn ateb o gwbl yn y pen draw. Ond triwch chi ddweud hynny wrth rywun sydd ddim yn gwybod sut mae o'n mynd i oroesi'r nos. *Binge drinker* oedd David Lloyd. Gallai reoli'r ddiod yn llwyr am amser hir, ond unwaith roedd yn colli rheolaeth, roedd yr yfed di-stop yn dechrau eto.

Flwyddyn ar ôl ei ddamwain, collodd David ei drwydded yrru am chwe mis. Collodd hi yr eildro dair blynedd yn ddiweddarach, ond cafodd hi yn ôl ymhen dwy flynedd. Y trydydd tro, collodd hi am ddeng mlynedd a chael £75 o ddirwy, a fyddai'n cyfateb i £1,000 yn arian heddiw. Dywedwyd yn y llys fod yr alcohol yn ei gorff yn gymesur â 23 wisgi, neu un peint ar ddeg o gwrw. Ni ellid cyfiawnhau yfed a gyrru o gwbl bryd hynny, ddim mwy na heddiw. Ond yn ôl Don, roedd y gosb a gafodd David yn afresymol, o gofio na chawsai ddamwain erioed, ac na wnaeth ei yrru esgeulus anafu neb. Credai Don fod pobl yn cadw llygad ar David, ac yn ffonio'r heddlu ar ôl iddo adael Clwb Pendyffryn ym Mhrestatyn. Mae'n bur debyg na wnaeth y ffaith fod Cadeirydd y Fainc yn aelod o'r mudiad dirwestol ddim lles i achos David, chwaith.

Bu papur newydd *Y Cymro*, o dan olygyddiaeth John Roberts Williams, yn gefnogol iawn i David Lloyd drwy gynnwys erthyglau amdano er mwyn sicrhau na fyddai ei gefnogwyr yn ei anghofio. Yn 1956 bu'n siarad â'r papur am 'y niweidiau a gadwodd ffefryn Cymru o'n llwyfannau cyhyd'. Drwy dudalennau'r papur, gallai David Lloyd atgoffa ei gynulleidfa ei fod yn dal ar dir y byw, ac yn parhau i gael ei gydnabod fel tenor o'r radd flaenaf er gwaethaf ei ddistawrwydd lleisiol.

Roedd gan David rywbeth i'w ddangos i'r gohebydd, sef llythyr o Sweden yn gofyn iddo am fanylion bywgraffyddol i'w gynnwys mewn llyfr yn dwyn y teitl *Prif Gerddorion y Byd*. Ymhlith yr enwau adnabyddus a fyddai'n cael eu cynnwys yr oedd Toscanini, John Barbirolli, Syr Malcolm Sargent, Yehudi Menhuin, Vladimir Horowitz, Gigli, Tito Gobbi ac Elisabeth Schwarzkopf. Roedd y llythyr yn donic, a theimlai David fod y gorffwys yn gwneud lles iddo, ynghyd â'r driniaeth a dderbyniai ar ei gefn dair gwaith yr wythnos. Nid oedd yn gwybod eto pryd y byddai'n ailddechrau canu – ond mi fyddai'n dipyn go lew.

Erbyn dechrau 1956 roedd yn amlwg ei fod wedi dod i'r casgliad y byddai'n rhaid iddo ystyried o ddifrif sut yr oedd yn mynd i'w gynnal ei hun yn ariannol, felly ysgrifennodd lythyr at y BBC:

My back tires easily and I still have considerable pain, which makes it difficult for me to breathe deeply and sing properly. I cannot straighten my back fully and I have to wear a spinal support. I cannot get around the country to fulfil outside engagements. I can safely say that I served the BBC well before my accident, and therefore I do not feel I am being presumptuous in asking them to help me now. I would very much like to take advantage of the facilities you have offered me for recording, but I would like an assurance that I could expect an income of, say £2,000 a year. I have been through hell these last two years – a dark world full of pain, depression and hopelessness. The final indignity by the BBC solicitors was the suggestion that I never had an accident at all, but fell down in a fit.

Mae'n amlwg o ddarllen y llythyr fod David wedi cyrraedd pen ei dennyn, ac yn credu bod gan y BBC gyfrifoldeb i'w gefnogi'n ariannol oherwydd ei fod wedi cynyddu cynulleidfa'r darlledwr yn sylweddol, yn enwedig gyda'r ddwy raglen *Melys Lais* a *Silver Chords*. Ond roedd y BBC yn eu tro wedi ei gyflogi'n gyson, a byddai'n anodd, os nad yn amhosibl i'r gorfforaeth ei gyflogi fel canwr ac yntau'n cyfaddef bod anadlu a chanu'n anodd iawn iddo. Byddai rhoi cymorth ariannol iddo hefyd ar ryw ystyr yn gyfaddefiad ar eu rhan mai nhw oedd yn gyfrifol am y ddamwain, a dim ond achos llys a fyddai'n penderfynu hynny.

Yn dilyn cais David Lloyd, fe gytunodd Alun Oldfield Davies, Rheolwr y BBC yng Nghymru ar y pryd, i'w gyfarfod. Gallent ystyried ei gyflogi fel arholwr allanol mewn cyfweliadau gyda chantorion yng ngogledd Cymru, ond fyddai hyn ddim yn drefniant rheolaidd, nac yn talu'n dda – pum gini a threuliau. Gwrthod y cynnig wnaeth David, gan ddweud mai'r hyn roedd yn ei ddymuno oedd swydd amser llawn. Oni bai fod y BBC yn cytuno i'r hyn yr oedd yn gofyn amdano, ni allai weld ei ffordd yn glir i gynnig ei wasanaeth i'r BBC. Ateb y BBC oedd nad oedd unrhyw reidrwydd arnynt i'w gyflogi, ac y dylai feddwl am ailddechrau canu. Dywedodd David ei fod wedi colli ei hyder ac na allai ganu fel o'r blaen. Doedd y naill ochr na'r llall ddim yn fodlon ildio, ac yn groes i gyngor ffrindiau a chyfreithwyr i beidio â gwneud hynny oherwydd nad oedd ganddo obaith o ennill yr achos, penderfyniad byrbwyll David oedd y byddai'n mynd â'r BBC i'r llys.

Yn y cyfamser, galwodd un arall o ohebwyr *Y Cymro*, Dyfed Evans, i'w weld, mewn ymateb i gannoedd o lythyrau a dderbyniodd y papur yn holi amdano. Y neges iddyn nhw gan David oedd:

Mi ddof yn ôl eto. Mae fy nghefn yn well nag oedd o flwyddyn yn ôl yn dilyn triniaeth gyson, ac mae'r llais yn iawn. Ond ni fedraf sefyll yn syth am gyfnod hir i ganu, ac mae canu'n briodol yn broblem hefyd.

Treuliai ei amser yn darllen, yn gwrando ar y radio, yn mynd i'r ardd a phicio'n ôl a blaen rhwng Trelogan a Ffynnongroyw i weld ei chwiorydd, ac i Ysbyty'r Rhyl am driniaeth ar ei gefn. Roedd bywyd yn undonog, yn ddiflas ac yn syrffedus, yn enwedig gan fod David wedi arfer crwydro Prydain ben baladr yn canu i neuaddau yn llawn cefnogwyr oedd yn ei addoli. A fyddent yn parhau'n ffyddlon heb gael clywed ei lais? A fyddai'r neuaddau'n llawn unwaith eto pan fyddai'n dychwelyd – os byddai'n dychwelyd? Neu a fyddai tenor arall wedi mynd â'u bryd? Chwilio am ateb i gwestiynau felly ac yfed mwy na'i siâr o alcohol oedd yn llenwi'r oriau hir hynny, yn ogystal â pharatoi at yr achos llys.

Yn 1957 pennwyd dyddiad a lle ar gyfer yr achos. Byddai'n cael ei gynnal yn yr Uchel Lys yng Nghaer y flwyddyn ganlynol, a bargyfreithiwr ifanc galluog o Lansannan, ger Dinbych, a fyddai'n amddiffyn David, sef William L. Mars-Jones. Ymhen deng mlynedd byddai Mars-Jones yn dod yn enwog fel yr erlynydd yn achos Ian Brady a Myra Hindley. Swyddfa Kerfoot a Roberts yn Nhreffynnon oedd yn paratoi'r achos, ac fe anfonwyd yr holl dystiolaeth i swyddfa bargyfreithiwr arall, Charles Gardiner, er mwyn cael ei farn annibynnol o a'r ateb i un cwestiwn pwysig. Ar sail y dystiolaeth oedd wedi dod i law, beth oedd y posibilrwydd o ennill yr achos yn erbyn y BBC? Ateb Gardiner oedd:

> I am of the opinion that this is a highly speculative action, the result of which is quite impossible to forecast ... It must necessarily be for Mr Lloyd to decide whether in these circumstances he does or does not wish to continue with this action. I am of the opinion that the result of this action is a complete toss-up.

Yn wyneb yr amheuaeth hon, gofynnodd Mars-Jones i'w gleient a oedd o'n berffaith siŵr ei fod am barhau. Yn ôl Don, roedd David yn ddyn penderfynol – yn wir, yn benstiff ar brydiau. Fe ddylai fod wedi sylweddoli bod y ffaith fod ei gyfreithiwr ei hun wedi awgrymu y dylai ailystyried ei fwriad i barhau â'r achos yn ddigon o rybudd iddo fod Mars-Jones yn amau doethineb y penderfyniad. Anwybyddu'r rhybudd a wnaeth David, felly ar 12 Mehefin 1958 dechreuodd achos llys David Lloyd yn erbyn y BBC.

Ar fore'r ddamwain ar 4 Mai 1954, roedd David Lloyd ar fin dechrau ymarfer ei gyfraniad o at raglen deledu oedd yn cael ei recordio yn y Garrison Theatre ym Mharc Kinmel, Abergele. Rhaglen yn hen steil *variety* oedd hi, ac roedd amrywiaeth o artistiaid yn perfformio heblaw David – yr acrobatiaid The Allen Brothers and June, y soprano Lucille Graham, Cerddorfa Pier Bae Colwyn, ac Alfred Marks, un o sêr radio mwyaf y dydd. Mansel

Thomas, Pennaeth Cerdd y BBC, oedd yn arwain y gerddorfa ac yn cyfeilio, ac yn ôl ei dystiolaeth i'r llys, roedd o wedi sylwi bod David 'yn nerfus iawn, yn edrych yn bryderus, yn chwysu, yn anniddig ac yn cerdded yn ôl a blaen.' Yn wir, fe honnodd fod David wedi dweud wrtho, 'I'll be glad when this is all over.'

Galwyd David draw i'r llwyfan i ymarfer, ac fe gafodd air gyda'r cyflwynydd Robert Moreton ynglŷn â'r cyflwyniad yr hoffai ei gael. Gwaeddwyd 'Stand by, David,' a chwaraeodd Mansel Thomas nodau agoriadol y gân gyntaf ar y piano. Yn ddisymwth, yn ôl tystiolaeth y rheolwr llawr, disgynnodd David yn ôl wysg ei gefn ar y llwyfan. Yn ei dystiolaeth yntau, byddai David yn mynnu mai'r hyn a ddigwyddodd oedd ei fod wedi sefyll ar gebl trydan ar y llwyfan, ac oherwydd bod y llwyfan yn llithrig, ei fod wedi disgyn ar ei gefn.

Roedd ymateb y rheolwr llawr yn bendant:

If the stage was slippery and dangerous to Mr Lloyd, it could reasonably be assumed to be in a similar state for the other artists who were rehearsing on camera immediately before Mr Lloyd. It would therefore represent an unreasonable hazard to the success of their acts and they would have objected. No objecton was received.

Yn y theatr ar y pryd yr oedd Archie Roberts, plisman a oedd wedi galw heibio i weld David, gan ei fod yn ei adnabod yn dda ers y 30au pan oedd y ddau yn canu mewn côr gyda'i gilydd. Yn ôl Mr Roberts, 'roedd o'n gorwedd ar ei ochr dde efo'i goesau ar draws y llwyfan, *foaming at the mouth* fel petai o'n cael ffit.' Rhoddodd Mr Roberts bensel yng ngheg David i'w atal rhag brathu ei dafod. 'Roedd o'n ceisio siarad, ond fedrach chi mo'i ddallt o,' meddai Archie. 'Doedd o ddim efo ni. Fe aeth hyn ymlaen am bedwar munud.'

Cadarnhaodd cynhyrchydd y rhaglen, D. J. Thomas, ei fod wedi gweld y cyfan ar y monitrau teledu, yn union fel y disgrifiwyd yr olygfa gan Mr Roberts, gan fod y camerâu yn recordio ar y pryd. Cytunodd un o'r artistiaid eraill fod David yn cicio sodlau ei draed ar y llwyfan ac yn lluchio'i freichiau o gwmpas, yn taro ei beneliniau yn erbyn y llwyfan 'and frothing at the mouth'.

Roedd nifer o bobl yn ei ddal i lawr a doedd yr un o'r rheiny, pan gawsant eu holi, wedi sylwi bod 'na geblau ar y llwyfan. Dyna oedd tystiolaeth y brodyr Allen a June hefyd. Byddai wedi bod yn rhy beryglus iddynt redeg a neidio o gwmpas. Byddai'n rhaid i'r llwyfan fod yn berffaith sych ac yn berffaith glir. Cytunodd y soprano â'u tystiolaeth nhw. Ychwanegodd ei bod hi bob amser yn gwisgo gwisg laes i berfformio, ac fe fyddai wedi bod yn amhosib iddi symud o gwmpas tra oedd yn canu heb faglu, oni bai fod y llwyfan yn glir o geblau.

Pan ddaeth David ato'i hun, cafodd ei weld gan feddyg, ac fe ddangosodd prawf a wnaed fod ei ddŵr yn cynnwys 'a large amount of albumen', arwydd fod ei afu wedi ei niweidio'n ddrwg o ganlyniad i yfed gormod o alcohol. Awgrymodd y meddyg y dylai fynd i'r ysbyty'n syth i weld arbenigwr, oherwydd gallai ei gyflwr fod yn achos pryder maes o law:

> The fact that Mr Lloyd sustained a fall might have been due to a hypertensive cerebral attack, suggested by the findings of hypertension and albumen. We listened to his heart and chest and did a complete examination. He also had raised blood pressure. David Lloyd said he had sustained injuries to his ribs and spine, but his behaviour during the examination gave no suggestion that there was any connection.

Cyhoeddwyd na fyddai David yn canu yn y rhaglen, ond fe wrthod-odd y cyngor i fynd i'r ysbyty, gan drefnu yn hytrach i gael ei gludo adref at Mona. Yn ôl ei thystiolaeth hi i'r llys, roedd David wedi bod yn poeni am wneud y sioe deledu, ac roedd mewn cyflwr nerfus parhaol ers deunaw mis. Pan gyrhaeddodd y tŷ, yn ôl Mona, cafodd ail ffit, ac fe'i rhuthrwyd i'r ysbyty, lle cafodd ffit arall eto.

Dywedodd Alan Sutcliff Kerr, llawfeddyg niwrolegol, ei fod wedi archwilio David Lloyd flwyddyn ynghynt yn 1957, ac roedd o'r farn fod cwymp David ar y llwyfan yn gyson â rhywun yn cael ffit epileptig. Pan ofynnwyd ei farn am bwysigrwydd effaith alcohol yn yr achos, dywedodd fod yr holl ddigwyddiad yn gyson â rhywun sy'n yfed alcohol yn ormodol. Credai yn ogystal fod ymennydd David wedi cael ei niwedio gan oryfed:

I have no doubt that this patient's fall was caused by the onset of an epileptic attack. I am sure that the attack was not caused by the fall. I believe that the fractures are an indirect result of the violent epileptic attack which he had, and that they are not directly attributable to the fall.

Roedd tystiolaeth ar gael fod David wedi dioddef ffit epileptig tra oedd yn Llundain ym mis Tachwedd 1954, a'i fod wedi mynd i'r ysbyty yn Maida Vale, y New Inn Hospital for Nervous Disorders. Rhoddwyd cyffuriau iddo i drin yr epilepsi drwy dawelu'r ymennydd.

Cytunodd Doctor Rowland o Ganolfan Epilepsi Maghull, Lerpwl, â dadansoddiad Alan Kerr, ac ychwanegodd fod yna bosibilrwydd fod cwymp David wedi achosi iddo daro ei ben ar y llawr a bod hynny yn ei dro wedi cleisio'r ymennydd.

Braidd yn oeraidd a dweud y lleiaf oedd oedd sylwadau Norman Roberts, yr arbenigwr orthopedig:

An injury caused by a fall on a stage could not have produced the sort of injury revealed by the X-ray of

Mr Lloyd … I think I can say with some confidence that the appearance clearly indicates something which was present for a great many years before the accident, and has not been changed in any way by the accident. There were no physical reasons why Mr Lloyd should not continue his singing career. The only thing which could interfere with his career was pain. In his opinion, Mr Lloyd was doing himself more psychological harm by wearing the spinal support. I should advise him to throw it away immediately.

Cyfeiriodd cyn-gofrestrydd ysbyty'r Royal Alexandra at y cyfnod ar ôl y ddamwain yn 1954 pan fu David yno, yn cael ei drin am alcoholiaeth. Y driniaeth a dderbyniodd oedd cymryd hanner owns o wisgi bob pedair awr. A phan ofynnwyd i'r cofrestrydd gan John Thompson, cyfreithiwr y BBC, pam roedd o'n rhoi wisgi i David os oedd o'n credu ei fod o'n alcoholig, ei ateb oedd y byddai wedi bod yn beryglus i David fod wedi ceisio rhoi'r gorau i alcohol yn rhy gyflym.

Hanner ffordd drwy'r achos, a'r dystiolaeth yn pentyrru yn ei erbyn, gofynnodd William Mars-Jones unwaith eto i David ailfeddwl. Ond doedd dim troi'n ôl na newid meddwl i fod. Pan ddaeth yr achos yn llys barn Caer i ben, cafwyd yn erbyn David Lloyd. Collodd ei achos yn erbyn y BBC, a gorchmynnwyd iddo dalu £4,000 mewn costau.

Pennod 16

R oedd y £4,000 o gostau yr oedd hi'n ofynnol i David eu talu yn 1958 yn gyfwerth ag £87,000 heddiw. Amcangyfrifwyd mai oddeutu £775 yn unig oedd gan David yn y banc, £214 yn y swyddfa bost, a gwerth £123 o gyfranddaliadau. Ers y digwyddiad yn Theatr y Garrison yn 1954 nid oedd wedi canu nodyn yn broffesiynol, nac wedi ennill ceiniog. Doedd ganddo ddim modd i dalu'r costau, ond roedd ganddo ffrindiau dylanwadol. Yn eu plith roedd yr Arglwydd Macdonald o Waenysgor, oedd yn un o aelodau Cyngor y BBC, a'r gwleidydd Huw T. Edwards, a adnabyddid fel prif weinidog answyddogol Cymru. 'Os yw'r Arglwydd o'n plaid, a Huw T. Edwards, pwy all fod i'n herbyn?' Ysgrifennodd David lythyr at Macdonald flwyddyn ar ôl ei ddamwain, yn gofyn a oedd posibilrwydd y gallai ddychwelyd i weithio yn y BBC. Cysylltodd yr Arglwydd â'r BBC yn Llundain ar ran David, a gofyn iddynt ddangos ychydig o gydymdeimlad tuag ato yn ei sefyllfa druenus, a pheidio â'i wneud yn fethdalwr:

I do hope it will be possible to show him real consideration. I feel despite everything he is entitled to our sympathy. Only the other day I heard how his BBC recordings were enjoyed throughout Wales.

Cyhoeddodd Huw T. Edwards ei fod yn bwriadu sefydlu Tysteb Genedlaethol i gynorthwyo David Lloyd yn ariannol, ac y byddai hefyd yn ymchwilio i'r posibilrwydd o gael pensiwn i'r canwr. Mewn llythyr at Mr Edwards, awgrymodd Alun Oldfield Davies yn y BBC y dylai oedi cyn sefydlu'r dysteb:

Dear HT,

I realise the sum which David Lloyd is now called upon to pay must be a very heavy financial blow to him, and I presume he has already paid his own legal fees. Have they been paid? If so, it is asking a lot to expect the BBC to waive its claims. I know Lord Mcdonald has been most active and helpful on David's behalf, and I should strongly advise your consulting him before you begin your National Testimonial.

Mae'n rhaid bod Huw T. Edwards wedi derbyn yr awgrym, oherwydd aeth blwyddyn heibio cyn iddo gychwyn ar sefydlu'r dysteb. Ond yn y cyfamser, ysgrifennodd yntau at y BBC yn Llundain i bledio achos David, fel y gwnaeth yr Arglwydd Macdonald. Yn y pen draw, cytunodd y BBC i ostwng y swm y byddai'n rhaid i David Lloyd ei dalu iddynt i £1,000, gydag addewid yn ogystal y byddent, fel gweithred o ewyllys da, yn cyfrannu £300 tuag at y dysteb.

Mynegodd David Lloyd yn ddi-flewyn ar dafod ei ymateb i ddyfarniad y llys ac i'r ffordd yr oedd y BBC wedi ymddwyn tuag ato ar dudalennau'r *Empire News*: 'I have lost my love for the BBC. I feel bitter. I have had a very rough time of it. I had served them faithfully for 25 years, but since the action they have not once offered me any sort of a job or radio appearance.'

Doedd hynny ddim yn wir. Fe awgrymodd y BBC cyn yr achos y gallent ystyried recordio rhaglenni gyda'i gilydd, ac y byddai David yn cael ei dalu, wrth gwrs. Ond roedd o'n mynnu gwarant o £2,000 y flwyddyn a doedd y BBC ddim yn fodlon cytuno i'r trefniant hwnnw. Fe ddywedod David wrth y papur newydd yn ogystal fod y BBC wedi addo na fyddai'r ffaith ei fod wedi mynd â nhw i gyfraith yn ystyriaeth wrth gynnig gwaith iddo yn y dyfodol o gwbl.

Yr awgrym yng ngeiriau David oedd eu bod nhw wedi torri eu gair. Unwaith eto, doedd ei ffeithiau ddim yn gywir. Anfonwyd llythyr ato gan Mansel Thomas, Pennaeth Cerdd y BBC ar y pryd, a chyfeilydd David ar fore'r ddamwain honedig:

> Dear David,
> As you probably know, we now broadcast a very successful Welsh programme every Friday night called *Aelwyd y Gân*. We would very much like you to take part, and if you will agree, I will be delighted to come to Bangor to accompany you.
> Mansel Thomas
> Head of Music

Dywedodd David yn y sgwrs gyda'r papur newydd nad oedd wedi cysylltu â'r BBC i ddweud ei fod yn barod i gael ei gyflogi ganddynt unwaith yn rhagor. Byddai'n rhaid iddyn nhw gysylltu ag o. 'The boot is on the other foot. They should contact me. They have been offering me work for 25 years. Suddenly, they stopped.' Gallai David fod wedi cydnabod bod y BBC wedi ei gyflogi'n gyson er 1936, a'i fod wedi derbyn cefnogaeth a sylw teilwng i'w ddawn ganddynt dros y blynyddoedd ers iddo gyfarfod Idris Lewis pan oedd yn fyfyriwr yn y Guildhall.

Torrodd ton anferth o gydymdeimlad gan ei ddilynwyr dros stepen drws y cartref ym Mryn Siriol yn dilyn y newydd am yr achos. Daeth un llythyr gan ffrind iddo oedd yn gyn-aelod o'r heddlu yn Blantyre, Swydd Lanarkshire, yn ymateb i'r dyfarniad llys yn ei erbyn:

Having had such a long time in the police force and coming into contact with a vast number of cases up for hearing, I think the judgment of Mr Justice Gorman was rather drastic … I can well imagine how difficult it would be for you to secure witnesses who would speak to seeing obstacles lying about on the stage because they would have the fear of being victimised by the BBC.

Mae'n fwy tebygol ei bod hi'n anodd dwyn perswâd ar dystion i siarad am weld *obstacles* ar y llwyfan oherwydd nad oedd *obstacles* ar y llwyfan, ac mai dyna un o'r rhesymau pam y gofynnodd ei gyfreithiwr i David ailystyried parhau â'r achos.

Ar ddiwedd yr achos, roedd Cymru yn daer am glywed David yn canu eto. Roedd y penawdau yn *Y Cymro* ers 1956 wedi addo y byddai'n dychwelyd – ac fe wnaeth. Fe gerddodd allan ar lwyfan Eisteddfod Gerddorol Ryngwladol Llangollen ym mis Gorffennaf 1960 ac yn swyddogol, hwn oedd y cyngerdd cyntaf iddo ganu ynddo ers chwe blynedd hir. Nid ar lwyfan Llangollen y canodd am y tro cyntaf ar ôl ei ddamwain, fodd bynnag, ond mewn cyngerdd yn Nhrelogan ar 3 Medi 1958 i ddathlu hanner canmlwyddiant yr ysgol lle cafodd ei addysg gynnar. Ei gyfeilydd ar y noson oedd Rhys Jones, ac fe ganodd David dair unawd – 'Annabelle Lee', 'Beth yw'r udgorn glywai'n seinio?' ac 'Art thou troubled?', cân y gallai David uniaethu â'i geiriau:

Art thou troubled? Music will calm thee,
Art thou weary? Rest shall be thine,
Music source of all gladness,
Heals thy sadness at her shrine.

Roedd hi'n noson stormus o fellt a tharanau ac roedd y gynulleidfa mewn tywyllwch – nes i David Lloyd ddŵad i'r llwyfan i ganu. Yn ôl ei nai Don, 'Fe dawelodd David y storm ac fe ddaeth y gola' mlaen.' Ar wahân i ganu, fe siaradodd David ar destun oedd yn agos iawn at ei galon – y sol-ffa. Yn Ysgol Trelogan y dysgodd David ganu yn y dull hwn, ac fe fu'n ei ddefnyddio drwy gydol ei yrfa. Yn y gynulleidfa y noson honno, yn westai arbennig, yr oedd B. S. Fidler, prifathro David yn yr ysgol fach. Credai o'n gryf yn y dull sol-ffa, a byddai David a'r plant yn dilyn y gansen wrth iddi deithio'n gerddorol i fyny ac i lawr y *modulator* yn y gwersi cerddoriaeth. Mr Fidler oedd y dyn a awgrymodd wrth Elizabeth Lloyd, mam David, y dylai hi alw David George Lloyd ar ei mab newydd-anedig, gan ddweud ei fod yn ffyddiog y byddai'r bachgen mor enwog â David Lloyd George ryw ddiwrnod. Geiriau proffwydol. Hanner can mlynedd yn ddiweddarach, roedd Fidler yn brifathro Coleg Beiblaidd De Cymru yn y Barri, a adwaenid fel The Barry School of Evangelism, ac yn sicr roedd yna naws efengylaidd i'r llythyr a anfonodd Fidler at David ar ôl iddo ddychwelyd i'r de:

We are thinking much about you and your disappointments. But I am sure the Lord is working out for you a far better plan than ever you could have conceived for yourself. It is a grand thing to to let Him work out his plan through disappointments and failures and suffering and pain.

'Trwy ddirgel ffyrdd mae'r uchel Iôr yn dwyn ei waith i ben,' meddai'r emynydd. Ond dwi'n amau'n fawr a oedd yn rhan o'i gynllun mawr, fel yr awgrymodd Fidler, i David ddioddef cynifer o siomedigaethau a methiannau a chymaint o boen, a hynny er ei les ei hun yn y pen draw.

Mae'n sicr fod llythyr arall a dderbyniodd tua'r un adeg ag epistol Fidler wedi dod â gwên o foddhad mawr i wyneb David. Gwahoddiad ydoedd gan Ysgrifennydd Cyffredinol Eisteddfod Genedlaethol Caernarfon 1959. O'r diwedd, byddai'r miloedd yn cael gweld eu harwr unwaith eto ar lwyfan yr Ŵyl wedi tawelwch gorfodol o bum mlynedd. Ond nid gwahodd David i ganu yn un o'r cyngherddau yr oedd y llythyr, ond yn hytrach ei wahodd i feirniadu. I David roedd y llythyr yn brawf pendant nad oedd yr hyn yr oedd yn ei amau yn wir, sef bod Cymru wedi ei anghofio. Do, fe ganodd unwaith eto yn ei hen ysgol, ond er mor bwysig yn seicolegol i David oedd y noson honno, digwyddiad bach lleol oedd hwnnw. Byddai'n gam mawr iddo fynd o ganu mewn stafell fechan mewn ysgol yng nghefn gwlad i fynd i ganu mewn neuadd gyngerdd o flaen miloedd o bobl unwaith eto. Ni chlywyd ei lais ar y radio ers pum mlynedd. Ni welwyd mohono ar lwyfannau Cymru a'r gynulleidfa'n mynnu cael mwy a mwy o hyd. Roedd yn colli'r berthynas agos a fu ganddo gyda'i ddilynwyr. Gwyddai fod cantorion eraill yn aros ar ochr y llwyfan, yn barod i gamu i'r goleuni os nad oedd o yno. Roedd y boen yn ei gefn yno'n barhaus, ac roedd sefyll am amser hir, yn ogystal ag anadlu wrth ganu, yn dal yn broblem. Onid byw mewn gobaith yr oedd wrth ddweud wrth Y Cymro ei fod yn mynd i ddychwelyd, ac yn mynd i ganu eto fel o'r blaen?

Roedd yr amheuon yn ei lethu, ond roedd y gwahoddiad gan yr Eisteddfod fel llygedyn o oleuni yn y tywyllwch, ac yn dod â gobaith am amser gwell yn ei sgil. Anfonodd ateb yn syth. Un frawddeg gadarnhaol – 'Derbyniaf eich gwahoddiad yn wresog.' Dyma gam pwysig tuag at ei ailddyfodiad, ailgysylltu â'i gynulleidfa, ac ailddechrau canu. Ond bum mis yn unig cyn yr Eisteddfod, cafodd lythyr arall o Ysbyty Northern, Lerpwl, yn ei atgoffa bod gwely yn ei aros ar 5 Mawrth, ac y byddai'n treulio o leiaf dri mis yn yr ysbyty yn cael triniaeth ar ei gefn dan oruchwyliaeth yr arbenigwr Goronwy Thomas.

Yn ôl dyddiadur David, 7 Mawrth 1959 oedd diwrnod y llawdriniaeth. Mae yn y dyddiadur hwn gofnod manwl o'i arhosiad a'i ymateb i'r driniaeth ar ei gefn. Galwodd Goronwy Thomas i'w weld y bore hwnnw i esbonio beth yn hollol fyddai'r driniaeth yn ei olygu. 'Excision of the dorsal' oedd y term meddygol, sef agor y cefn, cael gwared o'r disgiau oedd wedi malu a thrawsblannu asgwrn o'r glun yn eu lle. Er mor boenus fyddai'r driniaeth, barnai David ei fod yn dioddef cymaint eisoes nes ei fod yn falch o gael triniaeth a chael gwared o'r boen: 'I am glad that D-day has arrived to get it all over with and put an end to this miserable pain. I've had a hell of a time.'

Yn dilyn y llawdriniaeth, galwodd Goronwy Thomas i'w weld ac esbonio wrtho y byddai mewn poen am gryn amser, ond y byddai ffisiotherapi dyddiol ac ymarferion cyson yn gymorth iddo wella. Mae'r dyddiadur yn cyfeirio at sawl ymwelydd a alwodd heibio, yn eu plith Dilys Jones Williams, y ferch o Borthmadog a fu'n canlyn efo fo am dros ugain mlynedd, a Ceinwen Rowlands, a rannodd lwyfan efo David droeon. Ond mae'r dyddiadur yn awgrymu y byddai wedi hoffi cael llonydd y diwrnod hwnnw.

April 8th. So the day starts all over again. I'm tired. Slept till 4. Up at 6. Shaved. Breakfast. Boiled egg and two pieces of toast. Ceinwen called. She wants me to start singing again. Complaining about all the travelling she does. I told her I'd been living out of my suitcase for twenty years!

Galwai'r Parchedig Rhydwen Williams i weld David yn aml. Symudodd o dde Cymru i fyw yn y Rhyl, ac yn ddiweddarach, gadawodd y weinidogaeth er mwyn lledaenu efengyl Granada Television ym Manceinion fel cyflwynydd rhaglenni Cymraeg. Daeth yn ffrindiau agos efo teulu David, ac roedd yn edmygwr mawr o ddawn y tenor. Ysgrifennodd Rhydwen am dristwch sefyllfa David yn ddiweddarach yn ei fywyd:

Euthum i'w weld i'r ysbyty a'i gael yn eistedd ar ymyl y gwely yn meddwl a meddwl, yn ddigon dwys hefyd, a sylweddoli enaid mor breifat, ar wahân yn wir, oedd y canwr poblogaidd hwn a lwyddodd i ennill calon cenedl yn ei ugeiniau cynnar a chadw'r poblogrwydd hwnnw ar waethaf pob siom a phrofedigaeth a phoen hyd y diwedd.

Fis ar ôl y llawdriniaeth, cofnododd David yn ei ddyddiadur fod Goronwy Thomas wedi dod i'w weld, i ddweud ei fod yn gobeithio y byddai David yn cerdded yn well pan fyddai'n gadael yr ysbyty ymhen pythefnos. Ond doedd David ddim mor obeithiol:

> I told him unfortunately I was worse. He said to bring some music in and sing a little. He has also invited me to his house to try and sing again. He said that it would be no loss of face for me if I did not reach the top again, because the public would understand that the accident was no fault of mine. I told him it would be easier to cry than sing.

Collodd David dair stôn ar ôl y llawdriniaeth aflwyddiannus, ac ymhen tri mis derbyniodd y newyddion drwg gan Goronwy Thomas y byddai'n rhaid iddo ddychwelyd i'r ysbyty eto ymhen ychydig fisoedd er mwyn cael llawdriniaeth bellach ar y disgiau yn ei asgwrn cefn. Er iddo dderbyn rhai cannoedd o lythyrau o gydymdeimlad o bob cwr o Gymru ac ateb pob un yn bersonol, byddai wynebu'r cefnogwyr hynny am y tro cyntaf ers 1954 yn dipyn o her iddo, yn enwedig ar lwyfan Eisteddfod Genedlaethol Caernarfon. Y pum mlynedd diwethaf yma oedd blynyddoedd anoddaf ei fywyd. Buont yn flynyddoedd o golledion – colli'r achos llys, colli'n ariannol, colli ei drwydded yrru, colli'r cysylltiad uniongyrchol hollbwysig rhyngddo a'i gynulleidfa, ac yn fwy na dim, colli ei hunanhyder a'i hunan-barch, a throi at y botel am gysur.

Pennod 17

Roedd baner y ddraig goch yn hedfan yn falch uwchben yr Eisteddfod Genedlaethol yng Nghaernarfon ym mis Awst 1959 ar ôl y cyhoeddiad y flwyddyn honno mai hi fyddai baner swyddogol Cymru. Ac o dan y faner honno y cyhoeddodd Waldo Williams ei fod am sefyll fel ymgeisydd Plaid Cymru dros Sir Benfro yn yr etholiad cyffredinol ym mis Hydref. Erbyn hynny byddai'r Llafurwr twymgalon hwnnw, Huw T. Edwards, yn pleidleisio i'r Blaid yn ogystal. Cyhoeddodd yn yr Eisteddfod ei fod yn gadael y blaid Lafur mewn protest yn erbyn y penderfyniad i foddi cwm Tryweryn, a'i fod am ffurfio mudiad newydd i brysuro dyfodiad Senedd i Gymru. Roedd y blaid Lafur yn arfer credu mewn hunanlywodraeth i Gymru, meddai, ond fe gollodd ei gweledigaeth fore, a byrdwn ei neges oedd ei fod o am droi ei gefn arni hi cyn iddi hi droi ei chefnarno fo.

Roedd y gwahoddiad a gafodd David Lloyd i fynd i Eisteddfod Genedlaethol Caernarfon 1959 fel beirniad wedi codi ei galon yn aruthrol. Eto i gyd, roedd yn dal i fod mewn poen gyson yn dilyn y llawdriniaeth aflwyddiannus ar ei gefn ychydig fisoedd yn unig cyn yr eisteddfod. Ac er y gellid cyrraedd canol y llwyfan o'r ochr mewn ychydig gamau, byddai'n gam mawr iawn i David o dan yr amgylchiadau. Daeth I. B. Griffith, arweinydd y dydd i'r llwyfan i'w gyflwyno:

Dwi'n teimlo rhyw gynnwrf yn y pafiliwn eleni. 'Dach chi
i gyd yn disgwyl, yn tydach, i weld rhywun arbennig ar y

llwyfan 'ma. Rhywun na tydach chi ddim wedi ei weld ers blynyddoedd. Dwi'n cofio eistedd y drws nesa i Llwyd o'r Bryn yn Eisteddfod Genedlaethol Dinbych yn gwrando ar ganwr ifanc yn canu'r emyn-dôn 'Hyder', a wyddoch chi be, mi oedd Llwyd o'r Bryn yn ei ddagrau. Wel, mi fydd 'na fwy nag un deigryn yn cael ei golli heddiw hefyd – dagrau o lawenydd. Oherwydd mae o yn ei ôl i draddodi beirniadaeth ar y Rhuban Glas. Rhowch groeso i ...
David Lloyd.

Cerddodd David ymlaen yn bwyllog. Cododd y gynulleidfa ar ei thraed a chymeradwyo'n ddi-stop. Cymeradwyaeth o groeso cynnes, didwyll. Cymeradwyaeth a oedd yn ernes o'u hedmygedd o'r canwr. Cymeradwyaeth na allai llaw David Lloyd yn codi'n araf i'r awyr i'w chydnabod ddim rhoi taw arni. Arhosodd i'r dorf ymdawelu ac eistedd i glywed ei eiriau cyntaf ar ôl pum mlynedd o dawelwch:

Ar y funud yma, dwi'n teimlo fe pe bawn yn ôl yn fy hen gartref ar ôl bod oddi cartref am amser maith. Dim ond dyn sy'n cael y profiad yma sy'n gwybod mewn gwirionedd beth mae croeso'n ôl i'w hen gartref a'i gynefin yn ei olygu. Mi ganaf eto – os byddaf yn ddigon cryf.

'Mi ganaf eto,' adlais o eiriau agoriadol 'Bugail Aberdyfi', 'Mi geisiaf eto ganu cân,' a ganai David ar ddechrau *Melys Lais* ar y radio bob nos Sadwrn. Ymhen llai na blwyddyn byddai *yn* canu eto, i gynulleidfa o filoedd o bobl ar lwyfan Eisteddfod Ryngwladol Llangollen. Ond y diwrnod hwnnw yng Nghaernarfon, tasg arall oedd o'i flaen fel cadeirydd panel beirniaid, sef cyhoeddi pwy oedd wedi ennill Gwobr David Ellis, a phwy fyddai'n gwisgo'r Rhuban Glas. Elwyn Hughes o Farianglas, Anita Williams o Drimsaran neu James Stuart Burrows o Gilfynydd, dyna oedd y dewis. Yn ôl y sôn, doedd y beirniaid ddim yn unfryd, ond fel y cadeirydd, fe gafodd David ei ffordd ei hun ac fe aeth y Rhuban Glas i'r tenor Stuart Burrows, ynghyd â gwobr o bum punt.

Prin fod David wedi cael cyfle i ysgwyd llwch Eisteddfod Caernarfon oddi ar ei esgidiau nad oedd o yn ei ôl yn Ysbyty Northern Lerpwl dan law Goronwy Thomas. Golygai'r driniaeth y byddai'r llawfeddyg yn tylino asgwrn cefn David o dan anesthetig. Mae'n amlwg o'r nodiadau yn ei ddyddiadur ei fod yn dal i ddioddef ar ôl y driniaeth, ac yn teimlo'n waeth:

They gave me a rough time. Feel as if I've been kicked by a mule. I have been told that I start on some exercises tomorrow in bed. A strap has been fixed at the foot of my bed for that purpose. I am having pills three times a day.

Cafodd ganiatâd i gerdded i'r eglwys, ond ar ôl gwneud hynny roedd y boen yn annioddefol. 'Walk killed me. The whole business is disappointing. I have awful pain in my back and the back of my neck.' Roedd y driniaeth a gafodd dros y ddeuddydd canlynol yn fwy poenus, ac yn ôl disgrifiad David, yn fwy tebyg i artaith na thriniaeth.

I have just had electrical treatment. I screamed the house down. This is the most awful thing I have experienced. It's as if someone is putting a red hot poker on my spine. I have to have it every day. It's a terrible thought. I hate it.

Ar 5 Tachwedd, daeth Goronwy Thomas i'w weld a dweud wrtho y byddai'n mynd adref ddiwedd yr wythnos. Ond mae'n amlwg o'r dyddiadur fod David yn flin ac yn siomedig nad oedd y llawdriniaeth wedi bod yn llwyddiannus. 'We had discussions about my back. I told him that it really was an admission of defeat on his part. It's true. I'm still in pain.' Awgrymodd Goronwy Thomas y gallai wneud llawdriniaeth arall a fyddai'n golygu cael gwared o'r disgiau a oedd wedi dirywio ac asio disgiau yn yr asgwrn cefn at ei gilydd, ond ei bod hi'n driniaeth anodd iawn oherwydd y byddai'n gweithio o fewn trwch blewyn i linyn y cefn. 'I asked him what my chances were, and he said "Fifty-fifty". So I said, "I'll take my chances."'

Roedd wedi bod yn gwisgo staes ers y ddamwain chwe blynedd ynghynt, ond ar ôl trydedd lawdriniaeth Goronwy Thomas, gallod gael gwared o'r staes, ac fe leihaodd y boen fesul wythnos. Yn wir, lai na chwe mis ar ôl y driniaeth, teimlai'n ddigon hyderus i ganu ar y teledu unwaith eto. Ond dewisodd anwybyddu'r BBC a chanu ar un o raglenni'r darlledwr masnachol TWW (rhagflaenydd HTV yng Nghymru), *Hen Alawon*, oedd yn cael ei chyflwyno gan ei ffrind Huw T. Edwards. Gwyddai David Lloyd yn iawn pa ganeuon roedd ei gynulleidfa'n disgwyl eu clywed ganddo, a chanodd 'Lausanne' a 'Bugail Aberdyfi'. O ganlyniad i'r un darllediad hwnnw, boddwyd cartref David Lloyd yn y Berthengam mewn llif di-baid o ymateb emosiynol o bob rhan o Brydain:

Anghofia i fyth monoch yn canu eich caneuon o groeso i garcharorion rhyfel wedi eu dychwelyd o'r rhyfel diwethaf yng nghapel Moriah, Llangefni. Roedd fy mab, a ryddhawyd o Stalag Luft 3 yn eu plith, a'i ddagrau'n llifo lawr ei wyneb, a dyna oedd fy hanes innau hefyd wrth wrando arnoch yn canu 'Lausanne'.

I am delighted you are making a comeback. My dear husband idolised you, and the day before he died, he said he wished he could hear David Lloyd sing again.

When you were very ill and in hospital, I prayed much that this day would come, and we should see you once more. There is no singer to equal you in any way whatsoever. You have suffered a great deal of pain and disappointment. Put these things behind you and look to the future with faith and confidence.

Ac un oddi wrth Dilys, ei gyn-gariad:

Dear David,
Having just seen you on the television, I had to write to tell you how much I enjoyed your singing of 'Lausanne' and 'Bugail Aberdyfi'. It was nice to hear your voice again as good as ever. I would say better than ever, if that were possible, as it was perfect before. Perhaps the rest has done your voice some good, and like many other things, it has matured with the years. You deserve all the luck in the world to make up for the bad luck you had during the last few years.
Cofion cynhesaf fel arfer,
Dilys

Yn ogystal â'r llythyrau didwyll oedd yn mynegi pa mor falch oedd y llythyrwyr i weld a chlywed David yn canu eto, anfonwyd nifer o lythyrau ato yn ei wahodd i berfformio mewn nosweithiau amrywiol, heb roi unrhyw ystyriaeth o gwbl i'r ffaith ei fod mewn cyfnod o atgyfnerthu. Dyma enghraifft anffodus, a dweud y lleiaf:

Roeddem yn falch iawn i'ch gweld ar y teledu y noson o'r blaen. Hoffem eich gwahodd i gyngerdd yma ymhen y mis i Sheffield i ddathlu dydd Gŵyl Dewi. The Cambrian Society is a small society of a hundred members. We couldn't possibly pay you a fee which would represent the full value of your service. The main speaker is Mr Hywel Davies from the BBC.

Ers i David golli ei achos llys yn erbyn y BBC, roedd ei agwedd tuag at y gorfforaeth wedi newid. Bu'n berthynas agos, gyfeillgar a manteisiol i'r ddwy ochr am dros ugain mlynedd, ond ar ôl cynifer o siomedigaethau ar hyd y daith, aeth David yn fwy anodd i'w drin. Yn ystod y cyfnod anodd yma yn ei fywyd, yn gorfforol ac yn ysbrydol, fu neb yn fwy cefnogol i David, ar wahân i'w deulu, na Huw. T. Edwards. Anfonodd ddeiseb at Henry Brooke, y gweinidog dros faterion Cymreig, wedi ei harwyddo gan Gymry dylanwadol, yn gofyn am bensiwn i David Lloyd, ac fe drefnodd Dysteb Genedlaethol iddo, fel y soniwyd eisoes. Yn ogystal â bod yn un o gyfarwyddwyr TWW, roedd Huw yn cyflwyno *Hoff Alawon*, y rhaglen y bu David yn canu arni. Ysgrifennodd Huw at Wyn Roberts, un o sylfaenwyr TWW, yn cynnig trosglwyddo'r awenau i David Lloyd er mwyn i David dderbyn cyflog rheolaidd. Mae ateb Wyn Roberts ymhlith papurau personol Huw T. Edwards:

Annwyl HT,
We offered David Lloyd 35 guineas to take over *Hoff Alawon* from you, but he was unable to agree our terms. He wanted £50. Perhaps it was a mistake on my part to ask him to take over a series which had already started. I dare say we will be able to use him in another series later on. I have told him as much.
Cofion gorau,
Wyn

Unwaith eto, fe ofynnodd David am fwy o bres. Unwaith eto, fe'i gwrthodwyd. Ym mis Chwefror 1960, anfonodd Huw T.

Edwards lythyr agored at y wasg, wedi ei saernïo'n ofalus i apelio at ewyllys da'r Cymry tuag at David Lloyd a'u hannog i gyfrannu ar ei dysteb:

> Dywaid meddygon David Lloyd na all ailfeddiannu'r hoywder a'r nerth a'i nodweddai cyn ei ddamwain, ac mae lle i ofni na fydd allan o boen mwyach. Y mae'n galondid gwybod ei fod am ailgydio yn ei waith, ac ni rydd dim fwy o fwynhad i ni'r Cymry na chael gwledda ar lais angel a ddodwyd mewn un meidrol, fel y dywedodd y diweddar Barchedig Tom Nefyn. Gwahoddwn chwi i anfon eich rhoddion yn ddi-oed fel y gellir cyflwyno'r dysteb iddo.

Arwyddwyd y llythyr gan Cledwyn Hughes, Cynan, Gwilym R. Jones, Megan Lloyd George, Emlyn Williams, Rhydwen Williams, W. S. Gwynn Williams a'r ddarlledwraig Myfanwy Howell. Un o'r cyfranwyr cyntaf oedd D. J. Williams, Abergwaun, a anfonodd bapur pumpunt a llythyr at Huw T. Edwards, a'r neges gefnogol hon ynddo i David:

> Nid oes neb yng Nghymru, gredaf i, sydd â'i lais yn goglais calonnau cymaint o bobl ag ef. David Lloyd yw ffefryn fy ngwraig ers pan glywson ni ei lais gyntaf ar y radio, a'i glywed a'i weld yn ddiweddarach mewn neuadd yn Abergwaun. Hyfrydwch gennym, felly, gyfrannu dwy hatling at y dysteb deilwng hon, gan obeithio y gall y cantwr anffodus ailgydio o ddifrif eto yn ei yrfa ddisglair.

Flwyddyn yn ddiweddarach, yn wir, mi aeth David ati i ailgydio o ddifrif yn ei yrfa yn ei gyngerdd swyddogol cyntaf ers chwe blynedd ar safle Eisteddfod Ryngwladol Llangollen. Ar y bws oedd yn ei gludo fo, ei deulu a'i ffrindiau o'r Rhyl draw i'r maes, dywedodd wrth ei nai, Don, 'Dwi'n dŵad yn ôl, a dwi'n dŵad drwy'r drws ffrynt.' Y noson honno roedd Don a'r teulu yn eistedd i'r dde o'r llwyfan, ac mae o'n cofio gweld ei ewythr yn sefyll ar ochr y llwyfan. 'Roedd o bob amser yn nerfus cyn mynd ymlaen, a'r noson yma roedd o'n cerdded yn ôl a blaen yn stampio ar y llwyfan, cystal â deud "Fy llwyfan i ydi hwn".'

Roedd Maimie Noel Jones, ei brif gyfeilydd, eisoes ar y llwyfan wrth y piano, yn edrych drwy'r copïau am y tro olaf: 'Dalla sua pace', 'Panis angelicus', 'If with all your hearts', 'Art thou troubled?', 'Annabelle Lee', 'Lausanne' a 'Hyder'. Roedd popeth yn barod, a Jacob Davies ar fin gorffen ei gyflwyniad: 'Ydi. Mae o yma heno. Rhowch groeso'n ôl i … David Lloyd.'

Boddwyd enw David gan sŵn byddarol bonllefau miloedd o bobl, a channoedd y tu allan ar y maes yn y glaw, yn chwalu chwe blynedd o ddistawrwydd â'u cymeradwyaeth wrth ei weld yn cerdded yn hyderus i ganol y llwyfan. Safodd yno, yn aros ac yn aros i'r gynulleidfa ddistewi ac eistedd. Roedd gohebydd cerddorol *Y Faner* yn y cyngerdd y noson honno, ac mae ei ddisgrifiad o berfformiad David mor fyw a llawn emosiwn a darluniau geiriol nes y teimlwch eich bod chi yno yn y sedd flaen ar noson hanesyddol 14 Gorffennaf 1960 pan ddychwelodd David Lloyd o'r anialwch at ei bobl:

Yn syth o'r croeso byddarol, dim ond un bar o fiwsig ddaeth gan y piano, ac roedd yn canu eto, y gân anoddaf ar gyfer tenor, 'Dalla sua pace' o *Don Govanni* gan Mozart – fel dyn yn mentro i'r môr mawr ac yn ei daflu ei hun i'r anturiaeth heb loetran ar y lan a phetruso. Yr oedd hon yn act ddewr. Y mae'r lle a gerfiwyd yng nghalon y genedl gan y tenor o Drelogan yn un hynod dros ben. Mewn gwirionedd, yr hyn a ddigwyddodd oedd i David Lloyd gael ei godi i statws chwedlonol yng Nghymru yn ei ddydd. Cododd uwchlaw beirniadaeth a chymhariaeth yng ngolwg ei genhedlaeth. Dyma'r athrylith a loriwyd am chwe blynedd, dyma'r gŵr a roddodd fwy o lawenydd i'w genedl na neb, ac a adnabu fwy o siom a loes a phoen ei hunan na neb, yn mentro codi ar ei draed unwaith eto, er bod cyllell y meddyg wedi tynnu dwy fodfedd ymaith o'i asgwrn cefn. Gwrthododd fod yn atgof yn unig, a mynnodd ganu ei ffordd yn ôl i fywyd, i'r llwyfan, i'r aelwyd ac i'r galon. Roedd ei ddisgyblaeth yn llwyr ac yn orchestol, a phan gododd ei ben yn urddasol, er bod y gwallt du wedi gwynnu braidd, roedd yr ysgwyddau mor llydan ag erioed, a'r urddas artistig mor ysgubol ag y bu ar unrhyw adeg.

Yr hyn a wnaeth yn hanner cyntaf y cyngerdd oedd hysbysu pawb ei fod wedi dychwelyd; yr hyn a wnaeth yn yr ail ran oedd profi hynny. Yr oedd ei ddehongliad o 'If with all your hearts', yn wych – roedd yr holl sidan yn ei lais yn llifo fel afon loyw, ei frawddegau'n wyrth a'i nodau uchel a'i nodau distaw yn profi bod gan Gymru ei phrif denor wrth law o hyd a'i fod yn aeddfetach erbyn hyn. Bellach, roedd y gynulleidfa ar ei thraed, yn feddw fawr gan ei ddawn anghymarol. Daeth yn ôl dro ar ôl tro, gân ar ôl cân, gan ddiweddu ar ben llanw mawr pan ganodd 'Annabelle Lee'. Safodd o flaen y dorf a chwys artist mawr ar ei dalcen, a bu'n rhaid i Jacob Davies ddod i'r llwyfan i fynd ag o ymaith, neu buasai'r bobl wedi mynnu ei gadw yno drwy'r nos yn canu.

Wn i ddim pa mor gytbwys ydi'r adolygiad mewn gwirionedd. Mae rhai wedi dweud, gan gynnwys David ei hun, nad oedd ei lais cystal ar ôl iddo ddychwelyd. I ba raddau mae'r adolygiad yn fynegiant o deimladau'r gynulleidfa y noson honno o weld ei harwr yn ôl ar y llwyfan? Mi fentra i ddweud ei fod o'n agos iawn i'w le.

Fe ganodd o gân arall hefyd y noson honno, sef 'Y Dieithryn'. Cyfansoddwyd y geiriau gan Huw T. Edwards, ac mae llawer o bobl wedi amau mai cân wedi ei hysgrifennu'n arbennig i David Lloyd ydi hi: 'Mi ddaeth rhyw chwant am fynd yn ôl / I gôl y pethau annwyl'. Mae'r gân yn cloi â'r geiriau, 'Ond pwy yw hwn â'i wallt yn wyn, / Yn colli llyn o ddagrau?' Ai David Lloyd ydyw, yn dychwelyd i'w ardal enedigol ar ôl cyfnod hir ac yn gweld adlewyrchiad ohono'i hun yn nŵr y llyn yn edrych yn hen? Naci, wir.

Cyhoeddwyd y gân gan Huw T. Edwards flwyddyn ynghynt mewn cyfrol o'r enw *Dros fy Ysgwydd*. 'Dyn Diarth' oedd teitl y gerdd yn wreiddiol, ac fe ofynnodd J. Morgan Nicholas i Huw T. Edwards am ganiatâd i osod y geiriau i gerddoriaeth. Efallai fod David Lloyd wedi ei chynnwys y noson honno, nid yn unig oherwydd mai ei ffrind a'i gymwynaswr a ysgrifennodd y geiriau, ond hefyd am ei fod yntau wedi teimlo fel dieithryn yn ei gynefin ers blynyddoedd maith. Pan gyhoeddwyd y gân, fe'i cyflwynwyd 'I David Lloyd'.

Ymddangosodd cyfweliad gyda David Lloyd yn y *Daily Express* fore trannoeth, lle soniodd am y blynyddoedd anodd, poenus cyn iddo ddychwelyd: 'I gritted my teeth time after time in those long painful nights,' meddai, 'and I swore that the voice of David Lloyd would be heard again.' Roedd o'n hoffi mynd am dro, medda fo, efo Rusty, ei gi bach, drwy'r coed ger Trelogan, a llenwi ei ysgyfaint efo awyr iach Cymru, a chanu'r gweithiau roedd o'n arfer eu canu yn Glyndebourne a Sadler's Wells, gan ychwanegu: 'I've no ambition to get right to the peak again. The glitter of big-time opera is behind me. It cannot be recaptured. Just so long as I can make records and sing the songs I love, and just so long as the voice of David Lloyd will still be heard, I am quite content.'

Gwyddai David yn iawn nad oedd y llais cystal ag y bu, ond roedd yr ymateb a gawsai i'w ymddangosiad yn Llangollen wedi lleddfu unrhyw amheuon a fu ganddo am ei allu i ddenu torf. Cafodd wahoddiadau i ganu mewn cyngherddau yn ogystal â recordio eto, ac roedd taith i America a Chanada ar y gweill hefyd. Byddai, fe fyddai llais David Lloyd i'w glywed am sawl blwyddyn eto.

Pennod 18

'No other singer anywhere has received, nor has had so much love bestowed upon him by his own country, as I have.' Dyna oedd geiriau diolch David Lloyd pan gyflwynwyd y Dysteb Genedlaethol am £1,800 iddo yng Ngholeg Technegol Cei Conna gan y trefnydd, Huw T. Edwards, ei gymwynaswr mawr. Aeth yn ei flaen:

> It was the love of the nation that helped me pull through my recent illness. Every week for six years, I received wonderful letters of encouragement, from people from different walks of life, but they all had one little remark in common. 'We have missed you.' I have come to regard that remark as the most important in my life.

Nid siarad ar ei gyfer yr oedd David. Mae'r casgliad swmpus o lythyrau yn ei gasgliad yn y Llyfrgell Genedlaethol, pob un wedi ei ateb yn bersonol ganddo, yn cadarnhau hynny. Fel y llythyr hwn oddi wrth un o'i edmygwyr oedd yn y gynulleidfa yn Eisteddfod Genedlaethol Aberteifi yn gwrando arno'n canu:

> Your performance bewitched me among all others. I must admit than when I heard that you were coming here to Aberystwyth to sing I was enough of a baby to cry, the reason being that I am semi-invalid and can not be one

of your audience. I want to let you know how much your wonderful singing helps just one person. The melody of your voice and your way of rendering a song makes me feel so much better physically and especially spiritually.

'Nôl yn 1939 pan dderbyniodd David Lloyd lythyr gan gynrychiolydd cwmni opera'r Met yn Efrog Newydd, roedd meddwl am fynd i America wedi peri cryn gyffro iddo. Bryd hynny daeth y rhyfel ar ei draws, ac ni chafodd gyfle i fynd wedi'r cyfan. Ond yn ôl ei nai, Don, fe fu'r syniad o fynd i America i ganu, fel y gwnaeth Thomas Llyfnwy Thomas a Ritchie Thomas, yng nghefn ei feddwl am flynyddoedd. Ac yn 1961 fe benderfynodd o'r diwedd ei fod am fentro i America a Chanada, a chanu mewn cyngherddau a gwyliau i Gymry Gogledd America. Cysylltodd â Richard Hughes, Cadeirydd Gŵyl Gerdd Utica, ac fe gafodd wahoddiad yn syth i ganu mewn cyngerdd ar nos Sadwrn yr Ŵyl ac arwain y Gymanfa Ganu ar y nos Sul. Mewn llythyr yn derbyn y gwahoddiad, cyfeiriodd David at y ffaith fod tenor arall yn dwyn yr un enw â fo yn boblogaidd yn yr Unol Daleithiau ar y pryd.

'Will you therefore please bill me as David Lloyd, the Welsh tenor? I don't want anybody to be in any doubt, because quite frankly I don't like the sound he makes,' nododd wrth Richard Hughes. Cytunwyd y byddai David yn canu tair cân yn Saesneg a thair yn Gymraeg ar y nos Sadwrn. Yn ogystal ag arwain y Gymanfa, byddai'n canu eto ar y nos Sul. Ei ffi oedd $500, sy'n gyfwerth â $4,000 heddiw.

Mae'n amlwg fod David Lloyd wedi sôn wrth benaethiaid y BBC am ei fwriad, oherwydd fe anfonodd Alun Oldfield Davies lythyr at eu cynrychiolydd yn America, yn holi am y posibilrwydd o drefnu gwaith teledu i David. Doedd yr ateb ddim yn obeithiol:

The only outlet would be *The Ed Sullivan Show*, which tends to use only top rank visiting artists. If Mr Lloyd found himself in Nashville, Tennessee, it is possible that some local stations in the home of country music would be interested. You will see from the above that the prospects are not very bright.

'Not very bright' oedd cynrychiolydd y BBC yn America chwaith, gan ei bod yn amlwg nad oedd ganddo'r syniad lleiaf pwy oedd David Lloyd na pha ganeuon oedd yn ei *repertoire*. Efallai ei fod yn credu mai fersiwn Americanaidd o Hank Williams oedd David, yn fodlon gwisgo het gowboi a chanu 'Annabelle Lee' i gyfeiliant gitâr. Yn ôl cofnodion Richard Hughes, bu ef a chyfaill iddo yn trefnu'r daith i David ers tri mis ac eto, bedwar mis yn unig cyn hwylio, roedd David yn dal i ofyn yn ei lythyrau iddo gysylltu ag eraill yn America er mwyn ychwanegu at nifer y gwyliau a'r cyngherddau ar ei restr:

> If you can let me have the names and addresses of the New York TV and broadcasting people, I would be extremely grateful. As I have been broadcasting in this country for 25 years, I feel that it should be easy for me to get on the New York network.

Ond gwyddai Richard Hughes o brofiad na fyddai ymddangos ar deledu yn America yn hawdd o gwbl:

> Fe wnes fy ngorau i gael Ritchie Thomas ar *The Ed Sullivan Show* ond methu wnes i, oherwydd nad oes neb wedi clywed amdano yma. Ond rwyf yn reit fodlon i drio i chwi. Credaf fod gennych well *chance* oherwydd bod mwy wedi clywed amdanoch.

Beth bynnag, ar 19 Awst 1961 roedd Harriet a Mona ar y cei yn Lerpwl i weld eu brawd yn hwylio i America ar y *Sylvania*. Bu ar y môr am wythnos, gan dreulio'r rhan fwyaf o'r amser yn ceisio osgoi dwy ddynes o Gonwy oedd wedi ei adnabod ac yn awyddus iawn iddo ganu ar fwrdd y llong. Does dim sôn ei fod wedi gwneud. Pan gyrhaeddodd y *Sylvania* Efrog Newydd, roedd Ysgrifennydd Cymdeithas Gymraeg Dewi Sant yno i'w gyfarfod a'i dywys i'r Webster Hotel, ond er iddo gael croeso tywysogaidd, mae'n amlwg nad oedd yn ei fwynhau ei hun, yn ôl llythyr a anfonodd adref at ei chwiorydd:

I feel much too lonely to be enjoying myself. I do wish I had someone with me as company to help make my visit an enjoyable one. Roedd y daith yn ofnadwy ac mae'r gwres yn danbaid yn Efrog Newydd, a dwi'n golchi fy nghrysau dair gwaith y dydd. I'm getting like a washerwoman.

Cyfarfu David â Thomas Llyfnwy Thomas, y bariton enwog o Faesteg, yn Efrog Newydd, ac mae'n bur debyg fod y ddau wedi trafod y posibilrwydd o ganu gyda'i gilydd petai David yn dychwelyd y flwyddyn ganlynol. Mudodd teulu Llyfnwy i America pan oedd o'n 12 oed, ac fe ddaeth yn enwog fel bariton yn yr Unol Daleithiau a Chanada. Yn ei ddydd, roedd ymhlith yr unawdwyr mwyaf poblogaidd a mwyaf llwyddiannus yn ariannol hefyd. Cadwodd ei gysylltiad â Chymru drwy ymweld yn gyson, ac yn 1982 byddai'n rhan o ddathliadau lansio S4C. Mae'n rhaid bod cyfarfod â Llyfnwy wedi gwneud i David feddwl am y posibilrwydd o'i efelychu i raddau, a meithrin cynulleidfa newydd yn America, yn enwedig o gofio bod Llyfnwy yn ennill mil o ddoleri am un cyngerdd. Byddai'n gyswllt gwerthfawr.

Ar ôl gadael Efrog Newydd, teithiodd David i dref a enwyd ar ôl Bangor yng Ngwynedd. Sefydlwyd Bangor, Pennsylvania, gan Robert Jones, a gychwynnodd y diwydiant llechi yno ganrif ynghynt. Treuliodd David ddau ddiwrnod yn y dref yn dathlu Bangor Welsh Day. Cafodd 'tremendous reception' wrth ganu yno. 'The other singers didn't get a look in. Tremendous success,' meddai John Williams Hughes, gohebydd oedd yn cadw dyddiadur o daith David Lloyd ar gyfer darllenwyr y *Daily Post*. Ymlaen wedyn i Scranton, lle'r oedd fflyd o geir yn aros i'w dywys i mewn i'r ddinas. Cafodd groeso arlywyddol, a chael ei anrhydeddu â rhyddfraint y ddinas. Ond prin fod David wedi cael ei wynt ato nad oedd o'n paratoi i symud ymlaen unwaith eto. Canodd gyda'r nos yn y Capel Cymraeg, ac yn gynnar fore trannoeth, camodd ar y bws Greyhound i wynebu taith o dri chan milltir i Utica, ei gyrchfan wreiddiol. Roedd Cymry wedi sefydlu eu hunain yn yr ardal yn y ddeunawfed ganrif, ac yn ôl Hughes, doedd clywed Cymraeg ar strydoedd y ddinas ddim yn beth anghyffredin ar un adeg:

There was a time long long ago when Utica in the state of New York did not need a specially designated Welsh Day, because it was overwhelmingly Welsh every day of the year. Even in 1938 when I first visited the city, I could hear Welsh spoken on the streets and in the hotels. Now Utica's Welsh Days have taken upon themselves a nostalgic air.

Nesaf, symudodd David ymlaen i Toronto. Yno, cyfarfu ag Anne Davies Thomas, oedd yn awyddus i drefnu taith iddo y flwyddyn ganlynol i Chicago, Phoenix, San Francisco, Vancouver a Washington a mwy – ugain o ddinasoedd mewn tri mis, oedd yn llawer mwy synhwyrol.

Fe ddaeth y wibdaith wallgof i ben ganol mis Hydref yn ymyl Niagara Falls, a David yn ffilmio ar gyfer rhaglen deledu o'r enw

Famous Hymns of the World, yn canu 'Panis Angelicus' ac wrth gwrs, 'Lausanne'.

Oedd y daith yn llwyddiannus? Oedd hi mewn gwirionedd yn 'tremendous success'? Er ei fod wedi cael trafodaethau yn America am y posibilrwydd o deithiau a chyngherddau eto y flwyddyn ganlynol, wedi cael sylw yn y wasg a hwb i'w hunanhyder ar ôl derbyn rhyddfraint dinas Scranton, ni dderbyniodd yr un llythyr yn ei wahodd yn ôl. Y cyfnod euraid ym mywyd David Lloyd oedd y blynyddoedd rhwng diwedd y rhyfel ac 1954, pan gafodd y ddamwain. Er mwyn creu argraff o ddifrif yn America fel y gwnaethai Llyfnwy Thomas, yn ystod y blynyddoedd hynny y dylai fod wedi mentro yno.

Yn dilyn ei ymddangosiad o flaen cynulleidfa anferth yn Llangollen, a'i ymweliad ag America a Chanada, fe ddaeth gwahoddiadau iddo o bob rhan o Gymru. 'David Lloyd sings again' oedd y geiriau ar y poster a ddenodd cannoedd i'w weld yng Ngwersyll Gwyliau Pontins ym Mhrestatyn, ac ar y Pier yn Llandudno. Canodd yn yr Wyddgrug a Phwllheli, a mentrodd i Fancffosfelen yn Sir Gaerfyrddin. Ond roedd y teithio tu draw i ffiniau Cymru wedi arafu, a beth bynnag, doedd dim rhaid i'w gynulleidfa deithio i'w weld o. Gallent aros gartref a'i wylio yn amlach ar y teledu neu wrando arno ar y gramoffon. Roedd David yn ymddangos ar deledu annibynnol ar raglenni fel *Dewch i Mewn* ac *Amser Te*, a gyflwynid gan Myfanwy Howell. Roedd ei berthynas â'r BBC yn dal yn anodd. Yn 1962 cafodd wahoddiad i ganu ar raglen radio, *Yr Hen a'r Newydd*. Cynigiwyd 50 gini iddo, ond doedd David ddim yn credu bod hynny'n ddigon. Anfonwyd nodyn mewnol at adran gytundebau'r BBC yn dweud wrthynt am roi i David yr hyn yr oedd yn gofyn amdano. Arwyddwyd y nodyn gan Mansel Thomas, Pennaeth Cerdd y BBC, ac fe ychwanegodd un frawddeg allweddol ar ddiwedd y nodyn: 'We shall not be making frequent use of David Lloyd in the future.'

Roedd bron i ddeuddeng wedi mynd heibio ers i David recordio caneuon Cymraeg i gwmni Decca, gan gynnwys y clasuron 'Yr hen gerddor', 'Arafa don', 'Lausanne', 'Hyder', 'Elen fwyn', a 'Sul y Blodau', a Meirion Williams yn cyfeilio. Ar noson rhyddhau record gyntaf David yn Gymraeg ar label Qualiton, Pontardawe, fe ddywedodd John Edwards fod ansawdd ei lais cystal ag y bu erioed. Dylid cofio mai John Edwards oedd pennaeth y cwmni, ac efallai fod sylw'r hanesydd cerdd Rhidian Griffiths yn fwy cytbwys: 'Nid oedd y llais mor ystwyth ag y bu, ond roedd y gallu technegol yn dal yno. O ystyried popeth oedd wedi digwydd iddo, mae'n syndod ei fod wedi gallu recordio o gwbl erbyn hynny.'

Yr hyn sy'n gwneud recordiad Qualiton yn unigryw ydi mai hwn oedd y tro cyntaf i 'Bugail Aberdyfi' gael ei rhoi ar ddisg fasnachol. Y caneuon eraill oedd 'Hyder', 'Lausanne', 'My little Welsh home' ac 'Art thou troubled?' ac yn ogystal, fe recordiodd David 'Y Dieithryn' o waith Huw T. Edwards, a'r alaw gan J. Morgan Nicholas, oedd hefyd yn cyfeilio iddo ar y record. Y flwyddyn ganlynol, daeth cwmni Delysé ar ei ôl i recordio'r *Hen Ganiadau*. Yn eu plith, roedd 'Dacw'r hafan, dacw'r ardal', 'Cartref', 'Yr eneth ga'dd ei gwrthod', 'Croesffordd y Llan' a 'Sul y Blodau'. Y rhain oedd y caneuon y cyfeiriodd Huw Williams atynt yn y ddarlith ar David Lloyd a draddododd yn Eisteddfod y Rhyl yn 1985:

Bu'n gyfrifol am adfywio amryw o ganeuon a fyddai wedi syrthio i dir angof oni bai amdano fo, a thrwy hyn fe lwyddodd i'n hargyhoeddi ei bod hi'n bosibl i roi gwin newydd blasus iawn mewn ambell hen gostrel gerddorol ddigon diolwg o'r ganrif o'r blaen, wedi'r cyfan.

Mewn llythyr at David, diolchodd Mattie Prichard, gwraig y bardd Caradog Prichard, oedd yn gweithio fel swyddog cyhoeddusrwydd i Delysé, am y ffordd foneddigaidd y bu'n trafod gyda'r cwmni, gan ychwanegu,

> We all look forward to the [recording] session. We will give them a real knockout and make them cry for years. The photographer will come by the end of the session and take a picture of you by the organ. Don't be frightened of him. He looks just like Jesus Christ, and takes heavenly photographs.

Y dewis perffaith o ffotograffydd, felly, i dynnu llun o ganwr â llais nefolaidd. Ond roedd y llais hwnnw'n dawel iawn yn 1964, ac ymhen pum mlynedd, byddai wedi distewi am byth. 1964 oedd blwyddyn sefydlu'r Swyddfa Gymreig a phenodi Jim Griffiths yn Ysgrifennydd Gwladol. Yn 1964 dychwelodd Lynn Davies yn ôl adref i Nant-y-moel yn gwisgo medal aur Gêmau Olympaidd Tokyo am ei wddf. Yn 1964 cynhaliwyd yr Eisteddfod Genedlaethol yn Abertawe, lle'r enillodd Rhydwen Williams y Goron, a lle'r oedd ei ffrind David Lloyd yn feirniad cerdd. Un o brif wobrau cerdd yr eisteddfod oedd gwobr goffa D. Vaughan Thomas, a marc yn unig oedd rhwng Wynford Evans, enillydd yr unawd tenor, ac enillydd y wobr goffa, sef Gaynor Jones.

Roedd y flwyddyn ganlynol yn un dawel i David hefyd. Blwyddyn o gael ei wrthod. Blwyddyn o weld y postman yn mynd heibio i Fryn Siriol heb roi bwndel o lythyrau drwy'r drws oddi wrth drefnwyr cyngherddau yn ei wahodd i'w neuaddau i ganu. Felly, yn 53 oed, fe benderfynodd chwilio am waith. Aeth ei gais cyntaf am swydd hyfforddwr llais at Goleg Cerdd Manceinion. Anfonodd lythyr at yr Aelod Seneddol Goronwy Roberts yn gofyn iddo ei gymeradwyo ar gyfer y swydd, ac roedd y gwleidydd yn fwy na pharod i wneud hynny. Yn ei ateb, mae'n cyfaddef ei fod yn credu bod y penderfyniad yn un doeth o gofio profiad helaeth David:

I believe you could make a unique contribution, because your knowledge and expertise in this field are outstanding. You would fire the enthusiasm of the talented beginner, and provide him or her with an invaluable insight into the relationship of personal dedication and public performance. Any good school of music studies would benefit greatly from your services.

Prifathro'r llais yn y coleg ar y pryd oedd Frederic Cox, canwr a chyfansoddwr. Ymhlith ei fyfyrwyr roedd Dennis O'Neill a Ryland Davies. Roedd Cox yn unawdydd uchel ei barch, ac roedd yn un o athrawon llais gorau diwedd yr ugeinfed ganrif. Mae'n amlwg o ddarllen brawddeg gyntaf ei ateb i David ei fod yn cydnabod bod y tenor wedi gwneud cyfraniad go arbennig i fyd y gân:

I was most interested, indeed honoured, to get your letter. In principle, obviously any college would be fortunate to have your services. The difficulty is one of staff. At the moment our singing staff is complete, but one never knows how long that situation will last. I should very much like to keep your name before me. If you are ever in Manchester, do let me know, for it would be a pleasure to meet you.

Nid sgwrs bleserus dros baned am ei yrfa oedd ei hangen ar David, ond gwaith i'w gynnal ac i adfer ei hunan-barch. Roedd y dyfodol yn edrych yn anobeithiol, y ffynnon wedi sychu, a'r llestr bregus yn wag.

Pennod 19

Erbyn 1967, ddwy flynedd cyn iddo farw, roedd David wedi blino, yn ysbrydol ac yn gorfforol, ac i danlinellu hynny, roedd ymweliadau ag ysbyty meddwl Dinbych a mwy o driniaeth ar ei gefn yn ysbyty'r Royal Alexandra yn y Rhyl ar y gorwel. Mae'n amlwg ei fod wedi sôn am yr ymweliad â'r ysbyty meddwl wrth ei ffrind, y Parchedig Isaac Bithel, a ddywedodd mewn ymateb i hyn mewn llythyr:

> I have some idea of the treatment they will give you at the hospital, as the last 15 years of my ministry was spent as chaplain of a mental hospital ... I know of the anxiety that comes over you at times. Always remember that you have friends who are upholding you in prayer and true friendship ... I hope your spine will respond to treatment and that your nerves will gradually get stronger.

Dyna oedd gobaith David hefyd, ond nid felly y bu. Er nad oedd yn yr iechyd na'r hwyliau gorau yn 1967, mi fentrodd i faes Eisteddfod Genedlaethol y Bala, ac fe gyfarfu â Huw Williams yno. Roedd yn amlwg i Huw nad oedd o'n teimlo fel wynebu'r torfeydd ar y maes. 'Mi a'th â fi i'r cefna' o olwg pawb. Roedd o'n wylo'n hidl, am ei fod o'r farn ei fod o wedi cael ei anghofio, ac nad oedd o'n eilun i'r genedl mwyach.'

Ym mis Mai y flwyddyn honno, bu farw Garda Hall, dyweddi David 'slawer dydd. Er bod blynyddoedd maith wedi mynd heibio ers i'w perthynas ddod i ben, roedd yn amlwg nad oedd hi ddim wedi anghofio amdano, oherwydd enwyd David yn ei hewyllys. Fe ddywedwyd weithiau fod Garda wedi gadael y cyfan o'i heiddo iddo. Ond unwaith eto, dyma chwedl am fywyd David yn cael ei chwalu. Cyfran o'i heiddo aeth i David, fel i nifer o aelodau ei theulu, ac i'w ffrindiau. O gofio ei anffyddlondeb iddi, gellid dweud ei fod wedi cael mwy na'i haeddiant.

Ar ddiwrnod cyntaf ei flwyddyn olaf ar y ddaear yn 1969, aeth David i mewn i'r ysbyty yn y Rhyl am lawdriniaeth ar ei gefn eto fyth. Roedd o mewn poen annioddefol – gormod i gadw dyddiadur manwl y tro hwn. Gadawodd yr ysbyty ym mis Chwefror a'r geiriau olaf yn y dyddiadur byr yw, 'Sleeping tablets not strong.' Yn un o'i ganeuon mwyaf poblogaidd, 'Wyt ti'n cofio'r lloer yn codi?' mae'n datgan ei fod wedi profi 'gwae a gwynfyd, nef ac uffern bob yn ail,' sy'n disgrifio ei yrfa a'i fywyd yn berffaith.

Yn yr wythnos cyn ei farwolaeth, roedd David wedi bod mewn poen gyson, ac un noson, yn ôl Mona, aeth allan ar y nos Sadwrn am beint i dafarn yr Afon Goch efo'i ffrind John Ifans, Berth y Maen. Tad John a drefnodd le i David aros pan aeth i Lundain i'r Guildhall yn fyfyriwr. Daeth David yn ôl i'r tŷ am hanner awr wedi un ar ddeg a mynd yn syth i'w wely. Cododd yn y nos i ateb galwad natur, ac roedd gofyn mynd i lawr y grisiau i wneud hynny. Yn ystod yr wythnos, roedd Harriet wedi dechrau papuro'r wal wrth ymyl y grisiau, ac wedi tynnu'r canllaw er mwyn gallu papuro'n iawn. Fe ddaeth David allan o'i ystafell a throi i fynd i lawr y grisiau. Rhoddodd ei law allan i afael yn y canllaw, fel y gwnaethai ganwaith o'r blaen. Y tro hwn, cafodd gam gwag a disgyn yr holl ffordd i'r gwaelod, gan daro ei ben ar bostyn carreg. Clywodd Mona sŵn David yn disgyn, a phan ddaeth hi allan o'i hystafell, roedd o'n gorwedd ar ei gefn yn ddiymadferth. Galwodd William, eu brawd (tad Don), i ddweud beth oedd wedi digwydd. Ffoniodd yntau am yr ambiwlans ac fe aed â David i Ysbyty'r Royal Alexandra yn y Rhyl. Bu mewn coma am dridiau a bu farw ar 27 Mawrth 1969, ychydig ddyddiau yn brin o'i 57 mlwydd oed.

Cynhaliwyd yr angladd ddiwedd mis Mawrth. Daeth pobl yno o bob rhan o Gymru i dalu'r deyrnged olaf, a chlywyd yr emyn-dôn 'Lausanne', a anfarwolwyd gan David, yn y cefndir wrth i'r gynulleidfa fynd i mewn i gapel Disgwylfa. Dewiswyd tri o'i hoff emynau ar gyfer y gwasanaeth: 'Mi wn fod fy Mhrynwr yn fyw', geiriau 'The Lord's my shepherd' ar yr emyn-dôn Crimond, ac 'O fy Iesu bendigedig' gan Eben Fardd, a'r geiriau addas 'Unig gwmni f'enaid gwan, / ym mhob adfyd a thrallodion ...'.

Cynrychiolwyd yr Orsedd gan ddau Archdderwydd, sef Gwyndaf a Tilsli, ei olynydd, oedd yn gwasanaethu ar lan y bedd. Yn ei deyrnged i David, cofiodd Tilsli am y tenor rhyngwladol oedd â'i wreiddiau'n ddwfn yn ei fro enedigol.

Canodd ganiadau mwyaf dyn
A'u canu'n gain a chelfydd
A chanodd gerddi 'i wlad ei hun
Nes ennyn clod y gwledydd.
A thrwy emynau syml ei swyn
Y denai'r myrdd â'i denor mwyn.

Os caf i ddyfynnu geiriau Rhydwen Williams yn ei ysgrif goffa i David unwaith eto, mi gofiwch iddo ddweud fel hyn:

Rhyw ddydd, cyn dyfod cenhedlaeth nad adnabu David Lloyd, gall y daw rhywun heibio i bortreadu'n deilwng y llestr bregus a ddaliodd ddawn mor fawr, ac i ddweud wrth Gymru beth yw'r pris pan fyn eilunaddoli ambell un o'i meibion.

I Rydwen mae fy niolch am deitl y gyfrol hon, *Llestr Bregus*, sy'n ddisgrifiad craff o'r canwr a fu mewn cyflwr bregus iawn ar brydiau. Ni ellir anghytuno chwaith â'r gosodiad ei fod yn llestr bregus a ddaliodd ddawn mor fawr – syndod o fawr, a dweud y gwir. Ond go brin fod dilynwyr David Lloyd yn rhannol gyfrifol am ei farwolaeth oherwydd eu bod wedi 'mynnu eilunaddoli ambell un o'i meibion.' Nid mynnu eilunaddoli David Lloyd wnaeth y Cymry, ond methu peidio â'i eilunaddoli, ac ni ellir mo'u beio am hynny. Roedd David yn ffenomen gerddorol. Gallai ddod â chyffro i'w bywydau cyffredin. Drwy gyfrwng ei lais yn unig, gallai roi iddynt brofiadau a oedd bob amser yn emosiynol, ar brydiau yn ysbrydol. Fel y dywedwyd yn *Y Faner* ar ôl ei berfformiad mewn cyngerdd yn Eisteddfod Aberteifi yn 1942, 'gallasai llais David Lloyd godi diwygiad yn y wlad'. Gwrthodai'r gynulleidfa adael iddo fynd. Bu'n rhaid iddo ganu wyth encôr. Mewn teyrnged i'w gyfaill ar dudalen flaen *Y Cymro* wythnos ar ôl ei angladd, dywedodd Huw Williams, awdur *Canu'r Bobol*,

> Er ein bod fel cenedl wedi cael y fraint o wrando ar leng o gantorion proffesiynol mewn cyngerdd neu ddarllediad, yr unig unawdydd a lwyddodd i ddod i gysylltiad personol agos â phob un ohonom trwy gyfrwng ei gân oedd David Lloyd.

Nid curo dwylo'n barchus o boléit yr oedd y gynulleidfa pan oedd David Lloyd yn canu, ond yn hytrach 'ymateb yn orfoleddus dan ddylanwad ei ganu cyfareddol'. Mae'n wir ei fod yn teimlo pwysau cyson i berfformio'n well bob tro, i gadw'r safon, i godi'r safon hyd yn oed, ond mae'n bwysig cofio bod David yn mwynhau'r sylw a'r clod a sŵn y gymeradwyaeth.

'Hoffwn ddweud hyn wrthych yn hollol ddidwyll,' meddai ar y

noson y derbyniodd ei Dysteb Genedlaethol, 'rwyf wedi ymdrechu yn galed ar hyd fy oes i gyrraedd calonnau fy nghyd-Gymry, a chredaf fy mod i raddau helaeth wedi llwyddo.' Oherwydd amgylchiadau y tu hwnt i'w reolaeth, bu'n rhaid i David 'dalu'r pris' fel y dywed Rhydwen. Collodd ei fam a'i dad pan oedd yn ifanc, bu'n dioddef o iselder ar hyd ei oes, ac ar ôl y ddamwain a'i caethiwodd i fywyd tawel a di-stŵr yn Nhrelogan, aeth i yfed yn drwm. Collodd ei drwydded yrru sawl gwaith. Treuliodd wythnosau yn yr ysbyty ar fwy nag un achlysur. Y cyfnodau hynny pan nad oedd cynulleidfa'n ei eilunaddoli oedd yr adegau mwyaf anodd i David ddygymod efo nhw. Roedd bywyd yn annioddefol o boenus i David heb gyffur y gân.

Rhoddwyd ei gorff i orffwys gyda'i fam Elizabeth a'i dad Pryce Lloyd, ym mynwent Picton ar 31 Mawrth 1969, diwrnod penblwydd ei chwaer, Mona.

Bywyd ac amserau
David George Lloyd

1912   Ganed ar 6 Ebrill yn Nhrelogan, Sir Fflint.

1920   Cystadlu yn ei eisteddfod gyntaf.

1926   Gadael yr ysgol a mynd i weithio i gigydd ym Mhrestatyn.

1927   Marwolaeth Elizabeth, ei fam.

1931   Hunanladdiad Pryce, ei dad.

1933   Eisteddfod Licswm, lle daeth dawn David yn amlwg i gynulleidfa ehangach, ac yr ymddiddorodd John Williams yn natblygiad David fel canwr.

           Paratoi at glyweliad yn y Guildhall School of Music gyda chymorth John Williams a W. Matthews Williams, ei athro llais.

1934   Ennill ysgoloriaeth i fynd i'r Guildhall a dechrau astudio yno.

1936   Cyfarfod ag Idris Lewis, Cyfarwyddwr Cerdd y BBC ac arwyddo cytundeb â'r darlledwr.

1937   Canu fel unawdydd mewn Eisteddfod Genedlaethol am y tro cyntaf, ym Machynlleth.

1938   Graddio o Goleg y Guildhall a pherfformio yn Glyndebourne.

           Dyweddïo â Garda Hall.

1939   Perfformio yn Glyndebourne am yr eildro.

           Dechrau perthynas â Dilys Heritage a fyddai'n para am chwarter canrif.

1940   Awst: derbyn gorchymyn i listio gyda'r fyddin yn Caterham fel aelod o'r Gwarchodlu Cymreig.

1945	Mehefin: dychwelyd at Garda ar ddiwedd ei gyfnod gyda'r Gwarchodlu Cymreig.
1950	Ionawr: darllediad cyntaf *Melys Lais*.
	Torri ei ddyweddïad â Garda.
1954	Cael damwain wrth iddo ffilmio rhaglen deledu i'r BBC.
1958	Perfformio am y tro cyntaf ers pedair blynedd ar 3 Medi, mewn noson i ddathlu hanner canmlwydiant ysgol gynradd Trelogan, lle cafodd ei addysg gynnar.
1959	Mawrth: llawdriniaeth ar ei gefn o dan ofal Goronwy Thomas.
	Beirniadu yn Eisteddfod Genedlaethol Caernarfon i groeso gorfoleddus.
1960	Gorffennaf: dychwelyd i'r llwyfan cyhoeddus ar ôl absenoldeb o chwe blynedd yn Eisteddfod Gerddorol Ryngwladol Llangollen.
1961	Teithio i America a Chanada i berfformio.
1964	Beirniadu gwobr goffa D. Vaughan Thomas yn Eisteddfod Genedlaethol Abertawe.
1967	Mai: bu farw Garda Hall, ei gyn-ddyweddi.
1969	Bu farw David Lloyd ar 27 Mawrth yn 56 oed.

Diolchiadau

Hoffwn ddiolch i:

Luned Whelan, am ei harweiniad golygyddol ac am fy ngoleuo yn ramadegol.

Gwasg Gomer am eu cefnogaeth.

Maredudd ap Huw, am rannu ei amser a rhai o nodiadau ei dad, yr hanesydd cerddorol Huw Williams, gyda mi.

Alwyn Humphreys am ei farn onest a'i gefnogaeth barhaol.

Alan Llwyd am ei ganiatâd a'i gymorth eisteddfodol.

Rhidian Griffiths, am ei gyngor a'i ofal a'i ddarlith ddiddorol.

Pawb yn y Llyfrgell Genedlaethol ac yn yr Archif Sgrin a Sain am eu hamynedd.

Elen Elis, am ganiatâd i ddarllen ei gwaith ymchwil ar David Lloyd.

Ac i Anja, fy angel gwarcheidiol.